MUJERES
MALQUERIDAS

Mujeres malqueridas

Atadas a relaciones
destructivas y sin futuro

Mariela Michelena

la esfera ⊕ de los libros

Primera edición: mayo de 2007
Octava edición: septiembre de 2024

Quedan rigurosamente prohibidas, sin la autorización escrita de los titulares del *copyright*, bajo las sanciones establecidas en las leyes, la reproducción total o parcial de esta obra por cualquier método o procedimiento, comprendidos la reprografía y el tratamiento informático, y la distribución de ejemplares de ella mediante alquiler o préstamo públicos.

© Mariela Michelena Paggioli, 2007
© La Esfera de los Libros, S.L., 2007
Avenida de Alfonso XIII, 1, bajos
28002 Madrid
Teléf.: 91 296 02 00 • Fax: 91 296 02 06
Pág. web: www.esferalibros.com

Diseño de cubierta: Compañía
Ilustración de cubierta: Getty Images
ISBN: 978-84-9734-637-5
Depósito legal: M-16.060-2007
Fotocomposición y fotomecánica: Unidad Editorial
Impresión: Liber Digital, S.L.
Encuadernación: Liber Digital, S.L.
Impreso en España-*Printed in Spain*

Índice

Agradecimientos 15

1. MALQUERIDAS 17
   Malqueridas 18
   Ellas tienen la palabra 20
   «¿Qué he hecho yo para merecer esto?» 22
   Los hombres y las mujeres 24
   ¿Sólo mujeres? 27
   El ciclo de la repetición 30
   No espere un GPS 32

2. AMOR DE MADRE 35
   ¿Por qué somos capaces de amar así? 36
   Un hombre no es un bebé 40
   ¿Qué significa «amor incondicional»? 41
   ¿Omnipotente o indefenso? 44

3. LA ELECCIÓN 47
   La ratita presumida 48
   La agenda oculta 51
   Las oportunidades perdidas 55

La rana y el escorpión 58
¿A quién elegir? 59
Dejarse llevar es elegir 62
Cometer dos errores en vez de uno 63

4. CREACIÓN DE UN DIOS 65
El enamoramiento: «A la cuenta de tres…..... 65
El efecto hipnótico pasa 67
El amor ¿es como el gazpacho? 71
Dios 72
Crear un dios 74
El mando a distancia 76
Efecto pausa 77
«Tus órdenes son mis deseos» 80
¡Pobre dios! 81

5. EL PEDESTAL 87
El cuento de la pila y el juguete 88
Separación de bienes y de males 91

6. LOS PECADOS CAPITALES 93
¿Es o no es amor? 93
Pecados capitales 96

7. LA SUMISIÓN 99
¿Dónde está Irene? 99
Un pecado con muchas adeptas 104

8. LA INTERMITENCIA 107
Ahora sí, ahora no 107
Pedir peras al olmo 111
La montaña rusa 113

9. LA ADICCIÓN 115
   Andrea y Marcos 116
   La clandestinidad 118
   «Lo tengo controlado» 121
   ¡No al primer café! 125

10. LA IMPOSTURA 127
   Isabel 127
   El *fake* 130
   Una vida bilingüe 132
   El síndrome de Cenicienta 135
   Las hermanastras 138
   Ingrid 139
   Los hombres 143

11. LA INFIDELIDAD 145
   Los triángulos 146
   ¿Qué quiere el hombre? 147
   Marina y Boris 150
   Madre o amante 151
   Los cuentos infantiles 153
   Eva y Lillith 154
   ¿Qué quiere la mujer? 156
   La Una y la Otra 159
   Rebeca 160
   Rebeca en pasado, presente y futuro 162
   «La Otra» para la mujer 165
   Teresa 166
   Fascinación por «la Otra» 168

12. LOS CELOS 171
   Pablo 171
   La unidad perdida 174

El triángulo de los celos 177
El miedo 179
La pasión y el miedo 182
De la dependencia a la autonomía 184

13. LAS AMIGAS 187
Las amigas 188
Amigas testigos 191
Amigas sin Fronteras 194
Amigas termómetro 196

14. LOS ORÁCULOS 199
La lectura de cartas 199
Victoria 199
Gustavo 202
El pensamiento mágico 205
Los libros de autoayuda 208
La verdadera función de un libro
de autoayuda 211

15. LOS TERAPEUTAS 215
¿Perdonas o consientes? 216
El lugar del terapeuta 220
Un alivio inmediato 223
¿Psicoanalista o mago? 224
¿El diván o la vela? 225
El psicoanálisis 227

16. LA CAÍDA DE UN DIOS 229
«Es que yo lo quiero» 233
La margarita 236
«Es mi inversión» 237
El sentimiento de culpa 239

¡No llamar y punto! 244
Orden de alejamiento 246
¿El diablo o el demonio? 247

17. LA HABITACIÓN DEL DUELO 251
    La esperanza 251
    Ellas hablan 253
    La habitación del duelo 255
    Los recuerdos 258
    ¿Túnel o pozo? 260
    Recuperación 261
    Miedo al siguiente 264

Despedida 269

Bibliografía 273

A mi Beba.

A mi mamá.

Agradecimientos

A mis pacientes, a todos, fuente constante de estímulo y de conocimiento.

A Elina, a Corina y a Loreto, lectoras generosas.

A mis proveedores bibliográficos: Corina, Elina, José Jaime y Patricia.

Y por supuesto a Fernando, que maneja el bolígrafo rojo con la precisión de un bisturí para escarbar y extraer lo mejor de mis textos. Nunca agradeceré bastante la suerte que tengo de contar con su punto de vista.

1

Malqueridas

A lo largo del último siglo son muchos y muy valiosos los territorios que la mujer ha conquistado. El voto, la independencia económica y decidir cómo, cuándo, dónde y con quién tendrá sus hijos, son logros indiscutibles. Sin embargo, en medio de los aplausos por tantas victorias, llevamos algún tiempo escuchando las quejas de mujeres independientes y emancipadas, que sufren por un mal amor. Hace no tantos años su lamento encajaba perfectamente en el listado interminable de maltrato y postergación social del que la mujer ha sido víctima. Su padecimiento por amor era una queja más, o casi podría decirse que una queja menos, porque entre tanta reivindicación fundamental, una lágrima, una espera, un nudo en la garganta o un insomnio, parecían detalles insignificantes. Tomando en cuenta las condiciones de menoscabo que ha sufrido durante siglos la mujer, interrogarse por su felicidad en el amor hubiera sido como si, ante un niño que empuja una carreta de carbón en una mina de Gales, nos hubiéramos preocupado por el estado de sus uñas o de sus dientes.

Hoy, que otros problemas más acuciantes están resueltos, las voces de las mujeres que sufren por amor se escuchan con más intensidad. Sus lamentos chirrían en un mundo que muchas dan por conquistado. Todos conocemos a más de una mujer que se queja de que la quieren mal. El eco de su pena se escucha en los lugares de trabajo, en el gimnasio, en las animadísimas comidas entre amigas y en las series de televisión. Dicen que es un tema femenino de actualidad. Por supuesto que conozco y frecuento todos esos foros, pero en este libro voy a hablar desde mi experiencia como psicoanalista.

Malqueridas

Cuando hablemos de malqueridas hablaremos de mujeres que padecen por un mal amor, no necesariamente de mujeres maltratadas físicamente, sino de mujeres enzarzadas en relaciones imposibles, destructivas, que lloran por un amor perdido o sin futuro aunque pasen toda la vida enganchadas a ese llanto y a esa relación. Mujeres fieles a parejas intermitentes. Amores furtivos, prohibidos, clandestinos. Mujeres extraordinarias que se transforman en niñas enfermizas si un hombre no las llama. Mujeres encadenadas a una pena de amor, condenadas a ser la horma de cualquier zapato, o a instalarse debajo de cualquier zapato. Mujeres que no se cansan de escuchar: «No quiero compromisos». Mujeres sumisas, mansas, asustadas, complacientes. Mujeres que son fuertes ante todos los retos de la vida, brillantes para resolver sus tareas, para enfrentarse a cualquier desafío, valientes para todo, excepto para resguardarse de ese hombre que las quiere mal. Mujeres dispuestas a esperar y a esperar y a esperar. Engañadas, traicionadas, malqueridas…

De sus parejas sería arduo delimitar dónde empieza el maltrato emocional y dónde termina la malquerencia. Y cuando digo que las malquieren, no me refiero a que NO las quieran, al contrario, puede incluso que las quieran muchísimo, lo que ocurre es que las quieren mal. Quieren a una que no es ella, la quieren raro, torcido, al revés, y ella se retuerce y se contorsiona hasta encontrar la forma exacta que encaje con el trazado caprichoso de ese mal amor. A veces el hombre quiere a «otra» que tiene en su imaginación y pretende transformar a su amada en alguien que no es ella, y la amada descoyunta su ser intentando complacerle. A la mujer verdadera apenas la tiene en cuenta, a veces ni siquiera se ha preocupado por conocer sus gustos, sus inclinaciones, sus dificultades; ¿para qué? Es suficiente con que ella siempre esté allí para él. Se trata de un amor que suele quedar un poco estrecho de cintura y holgado de espalda. Es un amor «de otra talla» que no le sienta bien a casi nadie y que, no obstante, esa mujer insiste en llevar a cuestas a pesar del sufrimiento que le supone. Una mujer subida a un amor como ése, debe tener la misma sensación que una mujer subida a unos zapatos prestados, estrechos, puntiagudos y de tacón muy alto. Mientras todos los que la rodean la ven haciendo malabares y tambaleándose, ella se cree elegantísima y maravillosa, incapaz de reparar en que no es más que una mujer que sufre y que se siente profundamente desgraciada.

Lo que yo sostengo es que en toda mujer malquerida por una serie de hombres, hay una mujer que se quiere mal a sí misma. Y cuando digo que se quiere mal, quiero decir que se quiere con un amor tergiversado. Con sus palabras ella dice que quiere una cosa, pero sus actos revelan que quiere otra. No estoy hablando de que «no se quiere suficiente»; no me refiero a que tenga una «baja autoestima». Puede que, sin saberlo, incluso, se quiera a sí misma en exceso y se sienta en el fondo tan fuerte y tan poderosa como para ser capaz de salvar, por amor, todas las dificultades que se le presenten en el camino, aunque en el empeño se deje la sangre y la piel. Alguien que hace un mal negocio no necesariamente es alguien que no tiene dinero, puede quedarse sin dinero por no haber sacado bien las cuentas, a causa de un negocio torcido, o de una mala inversión. Pero quedarse sin dinero es una consecuencia, no una causa. Quedarse sin autoestima puede ser la consecuencia de haber invertido mal el amor propio. A veces el amor propio tiene una preocupante tendencia al heroísmo, a adornarse a sí mismo con una capita de superhéroe, que lleva a su dueña a sentirse capaz de acometer ciertas proezas titánicas que no le reportarán ni el éxito, ni la fama mundial, ni siquiera le servirán para asegurarse un lugar en el Cielo. Sólo obtendrá cansancio, humillación y sufrimiento.

Ellas tienen la palabra

Desde mi experiencia como psicoanalista, he tenido ocasión de toparme con muchas mujeres malqueridas. Sus historias aparecen en estas páginas lo suficientemente enmascaradas como para que ni siquiera ellas mismas puedan reconocerse. Todas ellas me han enseñado algo. Todas y cada una me han permitido descubrir una fascinante y singular respuesta. A todas ellas, para empezar, mi agradecimiento. A cada una de sus historias me acerco como si fuera la primera y no puedo dejar de preguntarme «¿y por qué?». ¿Y por qué esta mujer, tan inteligente, tan desenvuelta y exitosa en su trabajo, no se da cuenta de cuánto está sufriendo? Y, si lo sabe, ¿por qué lo acepta como si no tuviera otra alternativa? ¿Y por qué sufre tanto por el final de una relación que iba tan mal? ¿Y por qué vuelve con él después de todo lo que ha sufrido a su lado? ¿Y por qué lo echa tanto de menos si apenas se soportaban? ¿Y por qué sigue esperando a que cambie, si es evidente que nunca va a cambiar? ¿Y por qué le parece que ese hombre es tan extraordinario si tampoco es para tanto? ¿Y por qué se ha buscado a otro hombre exactamente igual al anterior?

De todas estas preguntas se desprende una que resulta esencial: ¿qué ventaja saca ella de todo esto? ¿Qué extraña y secreta transacción ha realizado ella, consigo misma, con su pareja, con la vida, para creer que una situación tan dolorosa le resulta rentable? ¿Cómo explicar que se resista con tanta voluntad a abandonar ese lugar que aparentemente es tan incómodo? Intentar responder a estas preguntas es el tema que va a recorrer como un hilo rojo las páginas de este libro y lo que va a diferenciarlo de otros.

«¿Qué he hecho yo para merecer esto?»

En mi consultorio, yo no soy la única que se hace preguntas. La paciente que acude a una consulta también está buscando respuestas. Cuando alguien, cualquiera, hombre o mujer, sufre y reza ante otro su letanía de quejas, al final, aunque no pronuncie las palabras, hay algo en él o en ella que reclama: «¿Qué he hecho yo para merecer esto?». Generalmente, repito, aunque no se pronuncien las palabras, el tono suena más a un reclamo que a una interrogación y no parece que el afectado esté esperando una respuesta sino un consuelo. Con frecuencia, lo que espera escuchar de su interlocutor es algo muy parecido a:

«Tú no has hecho nada, esto es una injusticia, tú eres estupenda(o), claro que no te mereces una situación como ésta. Las circunstancias son duras y "el malo" es el otro».

Claro que hay sufrimientos que nadie se merece. Nadie merece ser malquerido y mucho menos maltratado. Pero cuando un paciente formula esa misma queja en la consulta de un psicoanalista, éste se toma en serio la pregunta del paciente, en un sentido literal, y se pone a la faena de ayudar a comprender al paciente *qué ha hecho él para merecer tal o cual situación*. Se empiezan a anudar las preguntas del paciente con las del terapeuta y se emprende un camino conjunto en busca de respuestas. Con el correr del tratamiento y la ayuda del psicoanalista, el paciente termina por responderse con el reverso de su propia pregunta:

«Pues sí, puede que yo haya hecho tal o cual cosa para contribuir a esta penosa situación que estoy viviendo…».

En el caso de las mujeres que sufren por amor, las respuestas a estas preguntas suelen ser múltiples. A la mujer malquerida que pregunta *¿qué he hecho yo?*, podríamos empezar por contestarle que lo primero que ha hecho es ser mujer. Y luego indagaríamos en cada caso particular para entender cómo deambula ella, a su manera, por el territorio de su feminidad, un deambular que vendrá determinado por su historia infantil, por una familia, una madre, un padre, un lugar entre los hermanos, un carácter y una forma de ser.

Si bien encontraremos rasgos comunes en unas y otras malqueridas, no hay una causa única que explique todos los casos. Hay que pensar más bien en una dialéctica constante entre lo general y lo particular, entre aquello que atañe a todas las mujeres, como género, ese extremo burdo de la generalización, del «eterno femenino» y lo estrictamente particular y personal que concierne a cada mujer según su propia historia.

Si sólo tuviera importancia lo general, lo universal, escribir este libro no tendría demasiado sentido porque todas las mujeres, sin excepción, estaríamos abocadas, condenadas, a ser mujeres malqueridas. Si, por el contrario, sólo tuviera peso la historia personal, también nos veríamos obligados a abandonar nuestro empeño, pues no tendríamos nada que aportar con un solo libro, tendríamos que escribir un libro para cada lectora, que diera cuenta de su propia biografía. Así que, en estas páginas iremos permanentemente de lo general a lo particular y viceversa.

No son pocos los rasgos de «lo femenino» que contribuyen a que una mujer se preste a representar en su vida el papel de malquerida, sin embargo, en este libro veremos que algunos de ellos parecen más relevantes que otros.

Desde la perspectiva de lo particular, nos encontramos ante el peso de la historia infantil y su influencia en la vida adulta que hará que esos rasgos femeninos se modelen de una forma peculiar en cada mujer. Esa historia infantil va a generar una especie de «agenda oculta», un plan secreto que escapa a la lógica formal y a la conciencia. Se trata de una guía silenciosa que se sigue a pies juntillas y a ciegas. Una guía que no siempre lleva al usuario por el mejor camino, ni mucho menos por el más despejado, ni el más sencillo. Al contrario, lo lleva a repetir situaciones dolorosas, una y otra vez, sin saber ni cómo, ni cuándo, ni por qué. Se trata de la guía secreta de los nudos del inconsciente que con frecuencia nos domina y nos traiciona.

Los hombres y las mujeres

Buscando analogías que nos permitan acercarnos en toda su complejidad al misterio de lo femenino y lo masculino, he pensado que *Hamlet*, la tragedia de Shakespeare, cuenta con dos personajes que encarnan, cada uno en su propia tragedia, a lo que pueden conducir el extremo de la posición femenina y el extremo de la posición masculina. Me refiero a la pareja malograda de Hamlet y Ofelia.

Hamlet y Ofelia están locamente enamorados el uno del otro. Todo está bien hasta que el Rey, el padre de Hamlet, muere en extrañas circunstancias y él, como su único hijo, está obligado a vengar esa muerte. A partir de ese momento toda su vida gira en torno a convertirse en el digno vengador de su padre. El resto del mundo deja de interesarle, incluida Ofelia. Sólo lo mueven la obsesión de venganza y la duda de si será o no capaz de dar la talla y de cumplir con lo que el padre espera de él. A lo largo de la tragedia, acosado por la indecisión, Hamlet se hace muchísimas preguntas, pero entre todas ellas, hay una que lo caracteriza: *¿Ser o no ser?* Su pregunta me parece típicamente masculina; algo así como «¿soy suficientemente hombre para cumplir con mi padre?», «¿cómo tendría que demostrarlo?». Su pregunta encarna la preocupación masculina, el hombre está mortificado por «ser», por parecer lo que se supone que debe ser: un hombre. Para la posición masculina es importante demostrar activamente que él «tiene» lo que hay que tener y suele pasarse buena parte de sus días poniendo sus atributos sobre todas las mesas. Él «tiene que ser» el más valiente, el más potente, el más listo, el más conquistador. En fin, ha de ser siempre el primero de alguna lista, de alguna competición que continuamente está librando con algún otro hombre en su cabeza. De hecho, en la tragedia de Shakespeare, Hamlet está dispuesto a matar —y mata— para «ser» un hombre, digno hijo de su padre, para defender su lugar en el mundo.

Pero ¿qué pasa con las mujeres?, ¿qué pasa con Ofelia? Mientras Hamlet está obsesionado por la venganza, ocupado en dilucidar si él «es o no es», en averiguar qué tendría que hacer para «ser» un hombre como su padre; Ofelia, ajena por completo a las luchas por el poder, sólo sabe que ella sigue enamorada de Hamlet y que él la ignora. Incapaz de tomar ninguna iniciativa, sólo atina a soñar con su amor. Es así como Ofelia se pasa las horas perdidas, entregada a preguntarse otra cosa. Ofelia se vuelve loca de amor y se rinde sin moderación a su locura. Ha perdido la razón porque Hamlet no la quiere. Rodeada de flores, dedica los últimos días de su vida a deshojar margaritas y a preguntarles «¿me quiere? o ¿no me quiere?». Ofelia está dispuesta a morir —y muere—, se quita la vida por amor. Ofelia encarna el extremo de la pasividad femenina.

La queja de Ofelia es la queja que más se escucha en boca de una mujer, quien, más tarde o más temprano se preguntará: «¿Me quiere?, ¿no me quiere?», «¿cuánto me quiere?», «¿cómo me quiere?», «¿me querrá siempre?», «¿qué tengo que hacer para que me quiera más?».

Estas preguntas: «¿Me quiere?, ¿no me quiere?», no suelen ser el mejor camino para despejar dudas respecto a una relación maltrecha. No es suficiente con que la respuesta sea «¡Sí! ¡Me quiere!». También los maltratadores quieren muchísimo a sus víctimas, tanto, que no soportan estar sin ellas y verlas vivir lejos de su control… Las quieren, sí, pero las quieren mal, las quieren con un amor monstruoso, con un amor enfermo. Las quieren tanto que prefieren verlas muertas antes que en brazos de otro, por ejemplo. Así que *¿me quiere?, ¿no me quiere?* son preguntas que arrojan respuestas engañosas. Para empezar, la respuesta está en manos de la otra persona y siempre es preferible plantear preguntas que pueda responderse cada quien, por ejemplo: «Una relación así, ¿me compensa o no me compensa?», «¿Es esto lo que yo quiero para mi vida?», «¿Estoy dispuesta a perdonarle otra infidelidad?», «¿Cuántos años más puedo esperar hasta que se decida?», «¿Tengo que creer en sus palabras o en sus actos, en sus promesas o en los hechos?».

¿Sólo mujeres?

Vamos a hablar de «mujeres malqueridas», para entendernos y porque son mayoría, pero por supuesto que también hay «hombres malqueridos». Excepto la Barbie, no conozco a ninguna otra mujer que sea cien por cien una mujer, ni a ningún hombre, excepto Rambo, que sea cien por cien un hombre (y digo Rambo porque me parece que ni siquiera el Ken, la pareja de la Barbie, tiene su identidad sexual muy definida). El ser humano se distingue, entre otras cosas, por su disposición a la bisexualidad.

Ante cada persona concreta, más que de «hombres» y de «mujeres» en estado puro, cabe hablar de posición masculina o posición femenina, identificando «femenino» con pasividad y «masculino» con actividad. Para explicar en qué sentido identifico el par femenino/masculino con el par pasividad/actividad, voy a recurrir a la expresión biológica más elemental: la fecundación. Desde el punto de vista más descriptivo, en la fecundación, aun a riesgo de ser considerados políticamente incorrectos, podemos afirmar que el óvulo espera (pasivamente) la llegada del espermatozoide, mientras que el espermatozoide ha de buscar (activamente) el encuentro con el óvulo. Así se forja la historia de amor entre el óvulo y el espermatozoide.

¿Qué pasa cuando esa expresión biológica elemental se hace más compleja, cuando hablamos de seres humanos? Entonces contamos con un abanico muy variado, en el que lo femenino y lo masculino, la pasividad y la actividad, se mezclan en distintas proporciones, dando como resultado una gama amplísima de actitudes humanas que recorre desde los extremos más caricaturescos de la homosexualidad en la que se supone, por ejemplo, que un hombre se coloca netamente en una posición femenina o una mujer en una posición indiscutiblemente masculina; a la supuesta heterosexualidad sin mácula representada por los iconos del «macho ibérico» y la «mujer objeto», pasando por la ejecutiva agresiva de «ordeno y mando», uniformada con su impecable traje de chaqueta, o el metrosexual atildado que se depila, usa el secador de pelo durante más tiempo que su mujer y gasta en cremas tanto o más que ella.

Una vez aclarado que parto de la idea de un gradiente masculino-femenino de infinitas combinaciones, quiero destacar que en la posición femenina pasiva hay una mayor disposición a sufrir por amor, que en la posición masculina activa.

Para Simone de Beauvoir, el estilo de querer considerado como «típicamente femenino» es la consecuencia inevitable de la situación de desventaja social en la que se encuentra la mujer, una situación de dependencia que le impide situarse en la vida como sujeto y ser protagonista de su historia. Según su punto de vista, la mujer, condenada a depender de un hombre, no tendría otra alternativa que transformar a ese hombre en un dios y, a partir de ahí, convertir su condición de esclava en una virtud, y el amor en su única razón de ser. Lo curioso es que la mujer no se revela contra esta situación, antes bien, la mujer sometida se siente orgullosa de su esclavitud, y experimenta una especie de *honra de sierva*. Es así como el amor, para la mujer, más que una forma de expresión afectiva, se constituye en una religión.

Personalmente yo comparto la opinión de Simone de Beauvoir respecto a la mayor parte de las mujeres hasta hace escasos decenios. Pero este planteamiento me resulta insuficiente para explicar la situación de un enorme número de mujeres que sufren por amor en la actualidad. Hoy en día hay cada vez más mujeres que cuentan con una entrada económica estable y que son las únicas dueñas de las riendas laborales de su vida. Cualquiera conoce a una mujer que se ha labrado a pulso un lugar propio en el mundo, sin tener que depender de un hombre. Sabemos que, a pesar de que persisten las diferencias por razones de sexo, cada vez hay más mujeres que alcanzan puestos de alta responsabilidad en la política, en los negocios, en la cultura, etcétera. Simone de Beauvoir se sentiría orgullosa de todas ellas porque son la demostración de que su lucha y sus palabras, inspiradoras del feminismo más fecundo, no han sido en vano.

Y, a pesar de todos esos logros, la misma Simone de Beauvoir se sorprendería si comprobara hasta qué punto las consultas psicológicas se siguen nutriendo de mujeres autónomas, emancipadas, independientes, que, cuando nadie las ve, lloran desconsoladas las heridas que deja un amor desdichado, como solían llorarlo sus antecesoras. Esas mujeres brillantes, reconocidas, a quienes no les queda casi nada por demostrar desde el punto de vista laboral, siguen emulando a Ofelia y, a escondidas, deshojan la mustia margarita del «¿me quiere?, ¿no me quiere?».

Visto así, el argumento de la subordinación económica y social de la mujer respecto al hombre, no es suficiente para explicar este estilo femenino de querer. Tenemos que buscar la explicación en otra parte. En este caso, «la verdad no sólo está allí fuera», en la sociedad, sino también «aquí dentro», en la misma condición femenina, lo que veremos en el próximo capítulo.

El ciclo de la repetición

Hacerme las mismas preguntas a lo largo de tantos años me ha llevado a concebir la ilusión de que se pueden responder. El amor es un animal extraño y caprichoso que se mueve sin brújula, y sus razones escapan a toda lógica consciente. El amor es un animal que se alimenta de certezas absurdas y de verdades falsas. El caso es que la experiencia terapéutica repetida con este tipo de casos me ha permitido vislumbrar un patrón reiterativo.

La repetición es una marca de identidad de la conducta humana. Solemos repetir a ciegas desde la conducta más sublime hasta la más impresentable. Quiero que a través del libro recorra conmigo una especie de ciclo que se repite y que empieza con toneladas de ilusión y expectativas que, sin entender muy bien por qué, naufragan una y otra vez en un amor lastimoso.

Después de acercarnos a esa disposición típicamente femenina para el amor incondicional y el sacrificio, continuaremos la historia con la propia elección de pareja que siempre es fruto de todo menos del azar. Me referiré a esos casos en los que se establece un tipo de relación en el que la mujer convierte a su hombre en un dios y ella pasa a ocupar el lugar de su sierva, de su dueña. Repasaremos lo que he llamado «pecados capitales» de una relación, algunas de esas situaciones, actitudes o vicios inevitables pero que, en exceso, se convierten en pecados que llevan a la mujer a verse envuelta en relaciones destructivas y sin futuro.

Recorreremos varios de los ingredientes típicos de este tipo de relaciones: la infidelidad, la Otra, los celos. Repasaremos también algunos de los recursos de los que echa mano una mujer atrapada en este tipo de relaciones; en el mejor de los casos empieza a funcionar un radar que la lleva a buscar ayuda y compañía. Recurre a sus amigas, que se convierten en pilares firmes que la sostienen; además busca consejo con el mismo interés en un libro de autoayuda, en el horóscopo o en las cartas del tarot y, finalmente, cuando nada de lo anterior le ha funcionado y el sufrimiento persiste, acude a un terapeuta para pedir ayuda psicológica. Veremos que cada una de estas «tablas de salvación» cumple una función diferente, tiene sus peculiaridades y ninguna de ellas sustituye a las demás.

La mayoría de estos amores imposibles, por suerte, no son eternos, y aquel que hasta ayer era un dios y ocupaba el lugar más alto de un pedestal, una mañana cae sin remedio y casi sin explicación. Un buen día resbala el velo que no dejaba ver a la mujer con claridad y su ídolo se presenta en toda su humanidad. Será cuando ella esté preparada para desprenderse internamente de él, aunque se hayan separado mucho tiempo atrás.

Caído el ídolo del pedestal, empieza el proceso de reconstrucción de la mujer, que habrá de atravesar un duelo inevitable. Veremos que son muchas y muy variadas las estrategias que puede emplear una mujer para evitar ese duelo, para darle de lado, sin embargo sin ese trabajo de duelo, no hay final. En los casos de peor pronóstico, una mujer todavía convaleciente de un amor desdichado, que no conoce las verdaderas razones que la mantuvieron atada a esa relación, se prepara —sin saberlo— para emprender otra relación igual de perniciosa para ella que la anterior y repetirá el mismo ciclo. Sólo cuando la mujer ha podido determinar qué papel ha desempeñado ella misma en su sufrimiento, en esa desgraciada historia, entonces podrá restituir su propia identidad, su valía y su razón de ser, más allá de la relación que mantenga con un hombre. Sólo entonces será capaz de relacionarse consigo misma y con los demás, de una manera menos destructiva y más provechosa. Si lo consigue, habrá deshecho la rueda de la repetición y su próxima historia de amor, su propia historia, será otra.

No espere un GPS

En este libro no va a encontrar recetas infalibles. Lo siento, no existen, a menos que alguien esté dispuesto a curarse de su propia humanidad o a vacunarse contra las pasiones. Encontrará descripciones, explicaciones que responden a otros tantos «¿por qués?». Aclaraciones que acompañan, que tranquilizan, que le permitirán comprenderse y conocerse mejor. En este libro encontrará algo así como el trazado de un mapa. Una suerte de cartografía emocional que indica cuáles son los ríos; cuáles las montañas; que mucho ojo que por aquí hay precipicios; y que esto es una carretera comarcal y no una autopista. Se señalan alarmas, signos de alerta, zonas marcadas con bandera roja que adviertan: «Prohibido estacionar». Se indicará que a este lado está la inmensidad del océano, y al otro extremo un límite infranqueable. Pero se trata de un simple mapa, sin GPS. No encontrará indicaciones del tipo «ahora gire a la derecha y en el próximo semáforo a la izquierda y al final del trayecto llegará a su destino: ¡la felicidad!». En este libro ofrezco sólo un mapa. La brújula y la decisión última del camino a seguir están en las manos de cada quien.

2

Amor de madre

*Lo que entiende la mujer por amor...
no sólo es abnegación, es un don total de cuerpo y
alma, sin restricciones...
Esta ausencia de condiciones es lo que
convierte su amor
en una fe, la única que tiene.*

F. Nietzsche

La forma exagerada de amar que muestran algunas mujeres ha hecho correr ríos de tinta, las razones que explican por qué una mujer está dispuesta a amar de esa manera, no son menos.

En este capítulo nos vamos a centrar en uno de los rasgos universales que explicaría por qué una mujer tiene esa curiosa disposición al sacrificio y a la entrega y cómo esa inclinación está directamente ligada a la maternidad.

Desde el punto de vista de la lógica evolutiva, la mujer está hecha de la mejor manera que se puede ser para asegurar la supervivencia de la especie; está superdotada para constituirse en órgano de crianza. Alguien tiene que cuidar de la cría, alguien tiene que postergar sus propias necesidades en nombre de las necesidades del bebé, y ese papel suele desempeñarlo la mujer, que es la que siempre está presente en el momento del parto. Sólo ella puede parir al niño, sólo ella puede amamantarlo. Este rasgo tiene implicaciones extraordinarias para la historia de la humanidad y, sin embargo, llevado a un extremo, veremos que puede tener implicaciones patológicas para la propia mujer cuando ejerce esta cualidad fuera del contexto evolutivo y maternal para el que está prevista. Un hombre no es lo mismo que un niño, aunque muchos hombres se empeñen en reclamar su equivalencia.

¿Por qué somos capaces de amar así?

Noemí, una paciente ex malquerida, decía en una sesión:

> En mi vida hay muchas cosas que me interesan y a las que podría dar prioridad sin ningún esfuerzo porque son cosas que me gustan. Mi trabajo en el laboratorio me apasiona, la fotografía, mis cursos de cocina, mis amigas. La verdad es que no me faltan aficiones, pero en cuanto aparece «El Hombre», es como si todo pasara a un segundo

plano. El Hombre pasa por encima de todo, incluso por encima de mí misma. Después me agobio, claro. Pero soy así, mi vida gira en torno a tener una persona y a colocarla en el centro de todo. Quizás tenga que ver con el deseo de tener una pareja para formar una familia y tener hijos. Para mí es muy importante tener hijos y me angustia pensar que no lo pueda conseguir.

La de Noemí es una vida rica y entretenida, le gustan cosas muy distintas y disfruta de cada una de ellas con entusiasmo. Es muy apreciada en los círculos en los que se mueve. En principio, no necesita de un determinado hombre ni para mantenerse económicamente, ni para pasárselo bien. Sin embargo, cuando ese hombre determinado aparece en su vida, Noemí se vacía para dejarle a él todo el espacio, y si él se va, ella se queda hueca. En esa sesión Noemí proponía una explicación a todas esas concesiones que ella realiza. Le parecía que esto le ocurría por su deseo de tener hijos. Pienso que algo de razón tenía.

Mi forma de entenderlo es que muchas mujeres se entregan a un mal amor no sólo «para» poder tener hijos, sino «porque» son capaces y están en disposición de tener y cuidar a sus hijos. Me explico. Noemí habla de una entrega total en la que todos sus intereses, incluida ella misma, pasan a un segundo plano. Yo sólo conozco un estado vital en el que una donación semejante por parte de un ser humano a otro sea necesaria: y es el que hace la madre al hijo durante el embarazo y los primeros meses del bebé. No hay mayor entrega que compartir el propio cuerpo. Durante las primeras semanas de vida del bebé, no queda más remedio que prolongar esa situación de entrega incondicional que hubo durante la gestación. El bebé está completamente indefenso y su dependencia es absoluta. Para asegurar la supervivencia a un ser tan frágil, se precisa de una entrega de la misma magnitud: la entrega tiene que ser extrema. Es necesario que la madre se olvide de sí misma y de sus propias necesidades durante un periodo de tiempo.

En mi libro *Un año para toda la vida*, dedicado al primer año de vida del niño, comparé la disposición que tiene la madre para entregarse al bebé con el enamoramiento. Decía entonces que la mamá consigue enamorarse locamente de su bebé, olvidarse de sí misma y de sus propias necesidades, para atenderlo incondicionalmente. Se trata de esa capacidad que Winnicott (pediatra y psicoanalista inglés) denominó «preocupación maternal primaria». Si su bebé llora, la madre se olvida de comer y no le importa pasar la noche en blanco y que el bebé la ensucie y que le chille y que la vuelva a ensuciar. Ella lo mira embelesada, él gime, él sigue sin dormir, ella lo mira, él sonríe y..., ¡no hay duda, se trata del ser más maravilloso de la tierra!

Hoy, recurro a la «preocupación maternal primaria» para explicar el enamoramiento. Si entonces dije que «la mamá de un bebé recién nacido se comporta como una mujer enamorada», hoy diré que «una mujer enamorada se comporta como si fuera la mamá de un bebé recién nacido».

Hay mujeres, demasiadas mujeres, dispuestas a ejercitar el músculo de la entrega incondicional que tienen preparado para un bebé con el primer mequetrefe que pase por su puerta. Nadie, excepto el bebé, necesita de una entrega tan radical. Un hombre que llama por teléfono no es un bebé que llora porque tiene hambre. Y, sin embargo, muchas mujeres son incapaces de dejar pasar por alto una llamada telefónica y responden con la misma solicitud con la que responderían al bebé que reclama de su madre el alimento desde la cuna.

«El mejor filete para el niño», «yo puedo esperar», «el pobre todavía es muy pequeño», «yo por mis hijos soy capaz de cualquier cosa»… son frases que escuchamos constantemente sin sorprendernos. La madre siempre está allí. De alguna manera es lo que se suele esperar de una madre más o menos normal y corriente. Independientemente de la exigencia radical del bebé recién nacido, la maternidad predispone a la mujer a estar preparada para postergarse. No digo que esté instintivamente obligada a hacerlo, digo que la predispone.

Al padre, en cambio, los hijos, particularmente en su primer año, le quedan un poco más lejos. No me refiero a que no se ocupe o a que no tenga que hacerlo, digo que su preocupación tiene características radicalmente distintas a las de la madre. En general, los hombres están menos dispuestos que las mujeres a ponerse ellos en segundo lugar respecto al hijo. Con frecuencia, les vemos incluso competir con el pequeño por el afecto y la atención de la madre. Ya escucho las voces de quienes protestarán recordando que conocen a un padre que es «una madraza». Lo sé, yo también los conozco. Hablo de la mayoría. Recordemos de nuevo aquello de la posición masculina y femenina. Un hombre con capacidad para asumir en determinadas circunstancias una posición femenina, puede estar mucho más dispuesto y preparado para olvidarse de sí mismo en nombre de un hijo.

Un hombre no es un bebé

Lo cierto es que con frecuencia atiendo en la consulta a mujeres atrapadas en relaciones destructivas y sin futuro que han transformado a su novio, a su amante o a su marido en «su bebé», y al que exigen que dependa de ellas y que les permita demostrar su desmedida capacidad de entrega y sacrificio. Una vez aceptado ese pacto secreto, ellas sacrifican todo en su nombre, le rinden tributo como a un rey y le adoran como a un dios.

Tal y como lo contaba Noemí en la consulta, cuando aparece «el bebé» en escena, los horarios vienen marcados por su reloj. La propia respiración le pertenece, y El Hombre decidirá si esa mujer va a respirar o si va a ahogarse de dolor. Se produce una especie de indiferenciación casi física y una incondicionalidad irracional. No obstante, esta entrega tiene una contrapartida. A cambio, esa mujer entregada recibe el trofeo de sentirse indispensable. El Otro, el niño, el hombre, necesita algo, y ella, en su imaginación, es la única que lo tiene y que se lo puede dar. Si ella tiene lo que él necesita, ella es todo.

En ese tipo de relaciones, no hay lugar para el perdón porque no hay ofensa posible. Cuando se trata de la madre de un bebé recién nacido, la mujer debe estar preparada para el maltrato, para la indiferencia, para el llanto inexplicable, para sus cacas a deshora, para su ingratitud y su arrogancia. Ningún maltrato se identifica como tal, porque ése es «su bebé», y eso lo convierte en un dios adorable. Ya dormirá y, cuando se duerma, la dejará descansar. Ya sonreirá, y una sola de sus sonrisas borrará cualquier ofensa.

El problema surge cuando se hace exactamente lo mismo con un hombre con toda la barba. Esto es lo que convierte a una mujer en malquerida: soportar sus bufidos, su indiferencia, su traición y sus accesos de cólera con un estoicismo maternal. Ella se ha convertido en malquerida cuando es suficiente una sonrisa, tan sólo una pausa, para que se precipite a dar el tema por zanjado y le llene de besos y de perdones. Se habrá convertido en malquerida cuando una llamada suya baste para sanarla de un desprecio, de un insulto, de una traición, de un abandono. Ella estará de nuevo allí, dispuesta a todo, convertida en una perfecta malquerida y además encantada de haber recuperado su lugar junto a ese ser que le hace sentir tan importante. A este tipo de entrega sin restricciones se le conoce como «amor incondicional».

¿Qué significa «amor incondicional»?

A veces, las palabras, de tanto usarlas, se desgastan, pierden fuerza y se diluye su significado, así que voy a detenerme un poco en esta frase que se utiliza con tanta frecuencia y a veces se ejecuta con una cierta ligereza, sin demasiada consciencia del horror que supone.

Un amor incondicional, como la palabra indica, es un amor sin condiciones. Es un amor que no se rige por las leyes del mercado, nada de «tanto vales, tanto pago por estar a tu lado». Un amor incondicional no está sujeto a la oferta y la demanda; en un amor incondicional no hay nada parecido a «si te portas bien te quiero, si te portas mal no te quiero». Un amor incondicional es un amor que nace, crece, se desarrolla y casi nunca muere, independientemente de la persona a la que vaya dirigido. Esa persona no necesita hacer nada para merecer un amor así. No hay nada que pueda hacer para perder ese amor del que es objeto, por mucho daño que ocasione. Con la misma arbitrariedad con la que Dios reparte su Gracia, quien ama con un amor incondicional lo otorga «porque sí, porque le da la gana y porque en sus amores manda él».

Pase lo que pase, el amor incondicional seguirá allí, inmune a la realidad. No es un amor vincular que se establece entre una y otra persona para que algo fluya con cierta reciprocidad… no. El amor incondicional no necesita reciprocidad, eso sería un amor fallido, un signo de debilidad. En realidad el amor incondicional no necesita de nada. Es un amor que ignora al otro, porque se basta y se sobra a sí mismo. Allí, subido a su olimpo, un amor incondicional no cometería la ordinariez de tambalearse o disminuir por causa del maltrato o por la indiferencia que la otra persona manifieste. Un amor incondicional es inmenso, inconmensurable, pero no se sabe bajar a la tierra para conocer y querer a un ser humano corriente.

Irene es una malquerida a la que veremos en varias de estas páginas. Hablaba así de Juan, el chico con el que vivía y que no la trataba demasiado bien:

> Juan no necesita hacer méritos para que yo lo quiera. Él, de entrada, sólo por ser él —o por ser chico— ya tiene todos los méritos ganados, porque se los he dado yo. Y por supuesto que todos los méritos que le doy a él me los quito yo, así que mientras a él lo veo cada vez más maravilloso, yo me siento cada vez más sosa…

Con el correr del tiempo y del tratamiento entendimos cuánto necesitaba Irene sentirse indispensable, y cómo estaba dispuesta a transformar a Juan en alguien que Juan no era, con tal de conseguir ese lugar privilegiado junto a él. Un día dijo:

> Si lo pienso mejor, me doy cuenta de que hay una gran parte de mi relación con Juan, en la que Juan no pinta nada.

Irene había descubierto algo fundamental. Resulta que ella estaba locamente enamorada de Juan, pero no sabía muy bien de qué Juan. Como ella misma dice, el Juan verdadero, el de carne y hueso, el que se levanta cada mañana de mal humor, «no pinta nada» en el amor inmenso que ella le profesa. Y en eso consiste la «incondicionalidad». A simple vista parece que un amor así tiene muchas ventajas para el que recibe ese regalo, pero si lo miramos más de cerca, es una especie de fraude. Crear y amar a un dios es más sencillo que conocer, y ver si queremos y aceptamos a un hombre normal y corriente, tal cual es.

Hay una frase popular que describe muy bien esta situación: *No te quiero por lo que tú eres, sino por lo que soy yo cuando estoy contigo.* Parece que Irene hubiera creado la frase. Ella no quiere a Juan por lo que él es, Irene se inventa a un Juan extraordinario de quien ella es la artífice, la dueña de ese dios que ha elaborado a su medida. Esto la convierte en alguien de suma importancia. Cuando está con Juan, dice Irene que se siente muy disminuida, pero, en el fondo, estar al lado de Juan la hace sentirse muy importante, indispensable. Su sentimiento de disminución junto a «su Juan» es el precio que paga por entrar en el club de las dueñas de un dios.

¿Omnipotente o indefenso?

La frase acuñada por Freud «*His majesty the baby*» contiene de una forma magistral esa patética contradicción en la que incurre un bebé recién nacido, según la cual, a pesar de ser el ser más indefenso y más frágil de la tierra, exige pleitesía y se comporta como si fuera un dios. Cuando se trata de un bebé, esta combinación incompatible y explosiva puede resultar hasta simpática, enternecedora. Sin embargo, cuando hablamos de un hombre hecho y derecho ya no hace ninguna gracia. Y si pensamos en ese bebé con barba, satisfecho, no se nos debe olvidar que transformar a un hombre en un bebé tiene una doble consecuencia: se le trata como a un rey, pero, a la vez, se le considera un inútil, un pobre ser incapaz de sobrevivir sin los cuidados oportunos, sin la grandeza de un amor como el que esa mujer está dispuesta a darle. *Soy tu esclava sí, pero, sobre todo, soy tu dueña. Nadie va a quererte como yo te quiero.* El servilismo da paso a la condescendencia y de la condescendencia a la dominación no hay más que un paso, porque entre un amo y un esclavo no siempre está claro quién depende de quién.

Y no hay que perder de vista que un hombre dispuesto a encarnar un equívoco semejante espera de la mujer que le ha elegido el amor incondicional de una madre perfecta que no existe y que nadie ha tenido jamás. Una mujer que se preste a bailar un baile tan extravagante acepta el encargo encantada de poder creerse esa mujer completa, omnipotente, en cuyas manos está el destino de un ser tan diminuto y a la vez tan inmenso. Algunas mujeres parecen decir, bajando un poco la mirada, *Hágase en mí según tu palabra*, en el fondo, complacidas de ser la elegida. La *honra de sierva* consiste en sentirse, como la Virgen María, la dueña de un ser indefenso que en el fondo es ese dios que ella misma ha creado.

3

La elección

Mi soledad no es completa.
Me hace falta un hombre.

C. Michelena

¿Elegimos deliberadamente a una pareja? ¿Una posible pareja nos elige? ¿O es el azar el que se encarga de unir a dos personas? Probablemente no haya una respuesta que se ajuste a todos los casos. Lo cierto es que a Cupido —hijo de Marte y de Venus, del amor y de la guerra— lo pintan como a un niño revoltoso, insensato, que lanza sus flechas a diestra y siniestra con los ojos vendados, con mala puntería y peor criterio. El amor nos parece, sobre todo, arbitrario. La una se enamora del otro porque sí, y el otro se enamora de la una por la misma razón.

¿Qué es lo que hace que entre todos los asistentes a una reunión social una mujer detenga la mirada en un hombre, sólo en ése, y no en el que estaba sentado a su lado? A ciencia cierta no lo sabemos. Y, si no lo sabemos, ¿por qué dedicarle un capítulo a algo que está en las manos traviesas de Cupido y sobre lo que no tenemos apenas control? A lo largo de mi experiencia como terapeuta me ha parecido observar que algunos estilos de relación se repiten con una precisión sospechosa. He visto a mujeres salir maltrechas de una relación desastrosa y encaminarse con paso firme a otra relación de las mismas características. Las he visto sufrir a manos llenas gracias a un hombre X que las quería muy mal, y pretender curarse del mal amor junto a otro hombre igual que X, copia calcada del X anterior, y obtener los mismos resultados. ¿Cómo se opera esa repetición? ¿Qué especie de imán maldito ejerce su poder para acercarla una y otra vez al mismo tipo de hombre?

La ratita presumida

Todas las buenas historias de amor, empiezan con un «Érase una vez…». Pero esta vez, «érase» no era un lejano reino, ni una hermosa princesa, ni un rey muy poderoso. Esta vez, «érase» era una pobre ratita que decide emprender un casting para elegir a un compañero.

¿Recuerdan el cuento de *La ratita presumida*? Una ratita muy aseada y vanidosa barría la puerta de su casa y encontró una moneda. Como cualquier chica, pasó mucho tiempo cavilando hasta decidir en qué gastarse su dinero, hasta que tuvo una idea: ¡buscaría novio! Y acto seguido corrió a comprarse un enorme lazo para adornar su rabito y resultar más atractiva al sexo opuesto. El lazo en el rabo dio el resultado previsto y empezaron a desfilar por su puerta todo tipo de pretendientes para proponerle amor eterno y matrimonio. El gallo y el león, el lobo y el cerdo, todos querían casarse con ella, pero ninguno parecía colmar las aspiraciones de esta ratita coqueta y presumida. De modo que esperaría hasta que apareciera el candidato idóneo, ella barrería la puerta de su casa, luciendo mientras tanto el brillo del lazo de su rabo.

Finalmente, una noche, ese candidato llamó a su puerta. Esbelto, de formas sinuosas, de pelaje atractivo, hacía gala de una elegancia natural para desplazarse. Sus ojos eran rasgados, su mirada penetrante y su verbo prodigioso. «Él» era, sin duda, el chico de sus sueños. ¡Ni más ni menos que el gato!

A estas alturas del cuento ya hemos tomado cariño a la ratita, y cuando la vemos dispuesta a cometer el peor error de su vida tenemos ganas de gritarle: «¡No, ratita, con el gato no! ¡Cásate con cualquiera, menos con el gato!». Y es que en el manual de instrucciones básicas de la vida de las ratitas, lo primero que pone es: «¡Mucho cuidado con los gatos!», y en la primera página del manual de los gatos dice: «Cuando sientas hambre, come ratitas».

La historia sigue, implacable, como el destino. No hay nada que hacer. La ratita ha perdido por completo su olfato animal y se casa con el gato. Una vez celebrada la boda, el novio se transforma en Aníbal Lecter y se merienda a la ratita.

¿En qué momento del proceso de selección falló la ratita? No se le puede echar en cara que actuara impulsivamente ni que tomara una decisión precipitada. No parece que corriera detrás del primero que vino a piropearla. Al contrario, el casting fue laborioso. Desde luego no hizo las preguntas adecuadas. «¿Qué haces tú por las noches?» es, sin lugar a dudas, una pregunta crucial para la salud sexual de una pareja. Es una pregunta excitante, provocativa. Pero cuando eres un roedor susceptible de ser alimento de una variedad de depredadores, la pregunta vital, adecuada, es: «¿Y a ti qué te gusta comer?». Pero el problema no es tan sencillo como elegir cualquier pregunta menos la adecuada. Lo que realmente convierte a nuestra ratita en candidata número uno a malquerida es que, aunque ella hubiera hecho la pregunta oportuna, y el gato hubiera sido sincero y le hubiera confesado su identidad y su afición a comer ratas, ella no ha adoptado la decisión más racional, a saber, salir corriendo en dirección contraria, sino que ocurre algo del todo inexplicable. En vez de huir, la rata elige de entre todos los animales al gato y se casa con él. ¿Qué tipo de atracción ejerce el gato para ella?

Nunca sabremos qué habría pasado si se hubiera casado con algún otro de los pretendientes que desfilaron por su balcón. Lo cierto es que el único de entre todos los animales que sin lugar a dudas se iba a comer a la ratita era el gato. Se veía venir. Seguramente sus amigas, su familia y sus compañeros de trabajo le avisaron. Pero ella no escuchó. ¿Cómo es posible que después de haber entrevistado a uno por uno, eligiera al peor?

La agenda oculta

Si la ratita presumida hubiera acudido a la consulta de un psicoanalista, éste, en vez de llevarse las manos a la cabeza, se hubiera preguntado: *Pero... ¿eligió al peor o eligió «al mejor»?*

Me explico; con frecuencia escuchamos a una persona que «dice» que quiere una cosa y sin embargo la vemos «hacer» todo lo que puede para obtener otra, completamente diferente. Por ejemplo, tenemos el caso de Lía, una paciente de treinta y muchos años, que solía repetir en la consulta: «Yo lo único que quiero es casarme y formar una familia», y, sin embargo, pasaba más de doce horas en la oficina, trabajaba los fines de semana y hacía muy poca vida social. Y por otra parte tenemos también el caso de Graciela, con casi cuarenta años, que sólo salía con bohemios, hombres casados o tarambanas, con quienes se embarcaba en relaciones que no duraban más de dos meses. Después de cada ruptura, suspiraba: «Yo lo que quiero es una pareja estable». ¿Qué quieren realmente Lía y Graciela? ¿Lo que «dicen» que quieren o lo que «hacen» para conseguir lo que tienen? ¿A qué parte de ellas habría que creer? Pues a las dos, porque ninguna miente. El problema es que los que no son psicoanalistas, es decir, la mayor parte de la gente normal, suele escuchar sólo a la Lía o a la Graciela que «dice», y nos parece que la Graciela o la Lía que «hace», hace lo que hace porque es víctima de unas circunstancias externas que le son ajenas.

Lía es que tiene un trabajo de mucha responsabilidad y la pobre Graciela no ha tenido suerte con los hombres. De hecho, la Lía que «dice» es la que suele preguntarse perpleja «¿Qué he hecho yo...?» y la única que puede responder a esa pregunta es la Lía que «hace».

En el caso de Lía, después de un tiempo de tratamiento, descubrimos que su «agenda oculta» tenía escrita la historia de una niña pequeña, la más pequeña de una familia numerosa, cuyo máximo interés en la vida consistía en demostrar a todos los mayores: *Yo puedo sola*. ¿Acaso es mentira que se quiere casar y tener hijos? ¡Por supuesto que se quiere casar y tener hijos! Sólo ocurre que hay algo que es mucho más importante para ella que sus deseos de mujer adulta, algo que la ha marcado y que son sus deseos de niña pequeña. Sin saberlo, Lía sacrifica una vida de mujer y madre de familia para poder demostrar que ella «es muy mayor y puede solita». ¿A quiénes tendría que demostrárselo? Con toda seguridad a los miembros de su familia, pero de una familia imaginaria que Lía tiene en su cabeza, una familia con una supuesta madre envidiosa de su hijita pequeña, deseosa de verla fracasar y hacer el ridículo en sus intentos por hacerse mayor y con un supuesto hermano mayor desdeñoso y despreciativo de los intentos que su hermanita hace por agradarle y captar su interés. Una familia imaginaria con la que Lía convive sólo en su cabeza, pues a sus verdaderos padres, o sus verdaderos hermanos, nada les haría más felices que verla frágil, normal, casada y atribulada con tres niños.

Graciela, por su parte, «dice» que quiere una pareja estable, está convencida de que sólo quiere una pareja estable y es la primera sorprendida cuando descubre que una y otra vez sus intentos de formar pareja fracasan y el resultado nada tiene que ver con sus deseos conscientes. Lo que ocurre es que, sin que ella misma se entere, hay otros deseos secretos, que ella no controla y que son los que marcan el camino a seguir. En su caso, descubrimos un resentimiento ancestral contra un padre que se fue repentinamente de casa con otra mujer cuando ella sólo tenía siete años. Un resentimiento que la obliga a decir: «En los hombres no se puede confiar, en el momento más inesperado te dejan tirada». Y, en efecto, cada uno de esos hombres con los que ella entablaba relaciones venía a demostrar su máxima: «En los hombres no se puede confiar...». De hecho, parecía que los elegía a conciencia para que cumplieran con el secreto guión que ella les tenían asignado, y cada uno la dejó tirada cuando más enamorada estaba, tal y como había hecho su padre cuando ella tenía siete años. Graciela sufría, sí, pero con su vida demostraba su tesis: «En los hombres no se puede confiar». Si Graciela eligiera otro tipo de hombre, cualquier otro, en vez de un «gato», probablemente podría lograr una pareja estable, pero entonces su teoría quedaría hecha pedazos.

Otro texto que explicaría la repetición interminable de Graciela podría ser: «Esta vez voy a conseguir que el tarambana de papá no se vaya y se quede conmigo». Para lo cual es imprescindible que se busque a un tarambana tan tarambana como fue papá y que lo someta a la prueba del algodón una y otra vez, aunque una y otra vez ella salga perdiendo. «¡Alguna vez lo conseguiré!», es el espíritu secreto que la guía.

Volviendo al caso de la ratita, es como si, en el fondo, lo más importante para ella no fuera casarse y ser feliz, sino demostrar que ella era una ratita diferente, fuerte y especial. En ese caso, aceptar a cualquier otro pretendiente no le habría permitido exhibir sus «superpoderes».

Sólo el gato cumplía los requisitos necesarios para llevar a cabo ese plan secreto, a saber, mostrarle al mundo que, ni ella era una ratita cualquiera, ni su gato era un gato más.

Si vemos a la ratita desde esta otra perspectiva de quien necesita poner sobre el tapete su singularidad, comprendemos que el casting fue impecable y que eligió al mejor de los pretendientes posibles. Eligió al único de ellos que le permitiría poner de manifiesto su extraordinario valor y su capacidad de sacrificio. A la ratita, la podemos imaginar diciendo:

«No te preocupes gato, que yo voy a ayudarte. Conmigo las cosas serán diferentes. Te voy a enseñar a confiar en las ratas, y a quererlas. Yo estaré siempre aquí. Te voy a querer tanto y tan bien, que a mí no podrás hacerme daño… ¡Ya verás! Y si me haces daño, yo podré soportarlo y esperar, porque yo sé que, en el fondo, tú eres un gato extraordinario. No será hoy, no será mañana, tendré paciencia porque sé que algún día me amarás tanto que no desearás devorarme».

Todos pensábamos que la ratita era presumida porque le encantaba verse guapa y gustar. Todos pensábamos que era presumida porque su casa era la más limpia del condado y el lazo de su rabito el más reluciente. Ahora conocemos el alcance de la presunción de la ratita. La ratita presume de ser muy superior a las ratas mortales. Presume de ser única, la única ratita en la historia de su especie capaz de enamorar a un gato y doblegarlo.

Todos hemos escuchado a alguna mujer decir cosas en el mismo sentido de la ratita: «A mi lado dejarás de beber, o de drogarte. A mi lado aprenderás a ser fiel. A mi lado tu carácter agrio será dulce. Yo voy a despertar al ser maravilloso que hay en ti. Cuando descubras lo mucho y lo bien que yo te quiero, perderás el miedo al compromiso y dejarás de dudar... y un día, algún día... querrás estar por siempre conmigo y entonces seremos muy felices...».

Las oportunidades perdidas

Elegir a un gato produce efectos adversos directos: el gato te hará sufrir, no te tomará en cuenta, exigirá y exigirá sin ofrecer nada a cambio, te hará esperar por un futuro que no llegará nunca, te será infiel, en fin, una lista que, la que más la que menos, cualquiera podría completar. Pero esa elección también viene acompañada de «efectos colaterales», efectos indirectos que no dejan de tener su importancia. Cuando se elige a un gato se pierden otras opciones, se dejan pasar trenes que llevarían a mejor puerto, se descarta de antemano una cierta cantidad de candidatos interesados que pasan por la vida de la ratita sin haber tenido ninguna oportunidad, y todo porque la ratita sólo tenía ojos para su gato. Eso fue lo que le ocurrió a Marta.

Tomás se enamoró de Marta, compañera de la facultad, en la primera semana del primer curso que tomaron juntos. Mientras se preguntaba cómo pasar del estatuto de compinche de pupitre al de pretendiente, se dio cuenta de que otro compañero, Mauricio, también estaba enamorado de ella. Entonces, entre Mauricio y Tomás se estableció una competencia feroz. Manejaron el altercado en los mejores términos, como corresponde a personas inteligentes y con muchísimo sentido del humor. Si coincidían con Marta, competían por ser el más ingenioso, el más divertido, el más ocurrente de los dos. Incluso sus expedientes se vieron favorecidos por el concurso: alguna matrícula de honor le deben a su amor por Marta y a la competencia que cada uno de ellos entabló con el otro.

Una anécdota describe el ambiente que reinaba entre los tres. Una tarde que caminaban juntos, Marta, jugando, propuso que hicieran una carrera a ver cuál de los tres llegaba primero a su destino. Los caballeros le dieron una cierta ventaja a la dama y le permitieron que empezara a correr. Mientras los chicos se preparaban para salir, se miraron..., se midieron..., y los cuchillos afilados de sus ojos se intercambiaron mudas amenazas de muerte. Los dos salieron dispuestos a ganar. Los dos pasaron junto a Marta, adelantándola, y los dos pasaron de Marta. En aquel momento, lo más importante para ellos era competir y demostrar cuál de los dos «era» el mejor. ¿Recuerdan la importancia que «¿ser o no ser?» tenía para Hamlet y para los hombres en general? El caso es que en su lucha por «ser» el más hombre y tener lo que hay que tener para demostrarlo, habían olvidado por completo cuál era el premio. En el juego de la carrera llegaron empatados, y en el juego de la vida también, Marta no eligió a ninguno de los dos.

Y perdieron los tres. Sucedía que Marta, aunque coqueteaba con ambos, seguía tercamente enamorada de un tercero, un cierto italiano llamado Gino, que olvidaba llamarla, que perdía el avión si algún fin de semana venía a verla a Madrid, que la obligaba a cancelar sus viajes con dos días de antelación por algún imprevisto, que dudaba cada tanto de su amor por ella y que la mantenía perennemente en vilo. Con aspecto de maldito y seductor, Gino insistía en dejar claro que él no quería compromisos prematuros. Y ella estaba dispuesta a esperar por él todo lo que hiciera falta. Al principio, Marta se refugiaba en la idea de que a ella tampoco le convenía una relación cerrada, comprometida, agobiante, porque ella era muy joven, porque su carrera era muy importante para ella, porque... porque... Pero, con el tiempo, empezó a sufrir más con este «acuerdo», que a disfrutar de él.

Han pasado años de esta historia. Sé que Tomás remontó el tropiezo con mucha dignidad y hoy está junto a una mujer atractiva y divertida que borró a Marta de su pensamiento. Del destino de Mauricio nada sé. ¿Y Marta?, nuestra heroína, tan altiva, tan fascinante, tan capaz de poner a competir a dos hombres estupendos por su amor. ¿Qué fue de aquella que tuvo la suerte de elegir entre varios? Marta sigue en su tónica habitual: despierta pasiones que desprecia y sigue enamorada de Gino, su «gato» particular, esperando por él, sujeta a sus olvidos, a sus dudas, a sus plazos. Marta todavía suspira a distancia por el único de sus pretendientes que, sin lugar a dudas, se la puede comer cruda.

De Marta no se puede decir que sea una mujer simple o ingenua. De Marta, como de la ratita, sólo podemos decir que es «presumida» y que elige desde una lógica que se nos escapa, desde una lógica que va más allá de ese principio que suponemos que rige todas nuestras acciones y que consiste en buscar el placer y huir del sufrimiento. El placer que Marta busca en su elección no es el placer corriente y más o menos inmediato de querer y sentirse querida, de amar a un hombre y ser feliz con él. El placer que ella busca parece que es más complicado. Lo que Marta intenta es domeñar a Gino, transformarlo. Si se hubiera decantado por Mauricio, por Tomás, o por cualquier otro de los hombres que tuvo a su alrededor, su ambición habría considerado su felicidad simplona, sin gracia, sin mérito. De todos los amores que la vida ha puesto a sus pies, a Marta sólo le interesa alcanzar el más difícil, el que supone un reto para ella. La presunción, la vanidad de Marta, la empuja ciegamente a optar por un gato: Gino. A Marta no la conocí directamente, de manera que el contenido de su «agenda oculta» se me escapa, pero estoy segura de que algo habrá en su historia que explique esta especie de obstinación en permanecer con Gino. Su terquedad, a pesar de toda evidencia, me hacía recordar el viejo chiste de la rana y el escorpión.

La rana y el escorpión

Un escorpión se encuentra a una ranita atribulada a la orilla del río:
—¿Qué te pasa ranita?
—Es que tengo que atravesar el río y me da miedo.
—Súbete a mis espaldas que yo te llevo.
La ranita lo mira desconfiada y le dice:
—No gracias escorpión, te conozco y sé que vas a comerme.
El escorpión se ofende:
—Yo he cambiado mucho en estos años. Te prometo, por lo más sagrado, que esta vez no te voy a hacer daño.
—¿De verdad que no me vas a comer?

—Claro que no, ranita.

Cruzan el río y en la otra orilla, exactamente en la otra orilla, el escorpión da un zarpazo, para engullir a la ranita.

—¡Pero si me juraste que no me ibas a comer!

—Sí, si yo no quería, pero es que está en mi naturaleza…

Las personas, generalmente, son lo que parecen y casi siempre atienden al llamado de «su naturaleza». Un escorpión es siempre un escorpión y tiene una naturaleza determinada contra la que es incapaz de luchar. Uno que parece un «gato», suele ser un «gato» y más tarde o más temprano comerá lo que han comido siempre los gatos, a saber, ratones y ratitas presumidas… está en su naturaleza y no lo pueden evitar…

¿A quién elegir?

A veces la elección, como en el caso de Marta, como en el caso de la ratita presumida, como en el caso de la ranita y el escorpión, se hace a conciencia. Desde una (in)conciencia torpe y secreta que al común de los mortales se nos escapa, pero se puede advertir algo deliberado, un empeño que busca cumplir el mandato de esa agenda oculta. Algo así como: «Sí, sé que los gatos comen ratitas, pero no me importa, es más, eso es lo que más me gusta de él». «Conozco la naturaleza de los escorpiones y sé que siempre que pueden hacen daño, pero ¿y la emoción de cruzar el río a bordo de un escorpión? ¿Y la experiencia excitante del riesgo?».

Otras veces la elección se sustenta en una ceguera que desde fuera nos parece del todo inexplicable. Se pasa por alto a la persona real que está delante y la candidata a malquerida se inventa un ser a su medida. Es como si la ratita dijera: «Él dice que es un gato. Por fuera parece un gato, maúlla como si fuera un gato, a veces se ha comido alguna ratita como hacen los gatos, pero eso es porque está pasando un mal momento. Yo sé que él en el fondo es un ratón estupendo y sólo hace falta que alguien tenga la paciencia y el amor suficientes para que aflore el maravilloso ratón que hay en él». «¿Y si es verdad que el escorpión ha cambiado mucho? ¿Por qué no darle otra oportunidad?». Éste es el caso de muchas malqueridas, entre otras, Irene.

Irene es una paciente a la que conoceremos mejor en el capítulo dedicado a la sumisión. Llegó a mi consulta aquejada del mal amor que Juan le procuraba. Su relación parecía más una prueba de obstáculos que una manera de compartir la vida. Irene era capaz de hacer cosas insospechadas con tal de complacer a Juan y, complacer al bueno de Juan, era una tarea prácticamente imposible.

La relación con Juan, con el tiempo, terminó y, muchos meses después de ese final que tanto la hizo sufrir, una noche, Irene se encontró casualmente con él. La ocasión les permitió conversar un rato, lo justo para saber qué tal estaba cada uno sin llegar a remover las heridas de los viejos tiempos. Irene vino a la sesión siguiente muy sorprendida.

¡Estoy curada de Juan!, me pasó una cosa muy curiosa, creo que por primera vez he visto al Juan de verdad. Está igual que siempre: malencarado, pesimista y amargado, lo que pasa es que ahora puedo verlo. Antes, cuando estábamos juntos, siempre pensaba que lo malo era temporal y que su verdadera esencia, lo de verdad, estaba por llegar. Estaba segura de que él, en el fondo, era fantástico. ¿Cómo no iba a serlo? Lo bueno llegaría... sólo hacía falta que yo hiciera tal o cual cosa... que yo lo quisiera cada vez mejor y que esperara. ¿Cómo me habré inventado todo eso? Anoche lo vi como mis amigas dicen que lo han visto siempre... Un pobre hombre enfadado con el mundo, resentido y además pedante, que cree que la vida está en deuda con él. Debe ser que es así, ¿no? Cuanto más lo pienso más cuenta me doy de que la imagen que yo tenía de Juan tenía muy poco que ver con el verdadero Juan.

¿A quién había elegido Irene? ¿A qué Juan? ¿De quién se había enamorado? ¿Del verdadero o de uno que ella solita se había inventado? Según su plan secreto, ella estaba con un diamante en bruto al que el tiempo, y su infinito amor, tallarían. El argumento de «él en el fondo es bueno y yo soy la única que lo conoce y que sabe lo maravilloso que es...» es muy común. Se apuesta por lo que se sospecha que el otro *puede llegar a ser*, por una promesa altamente improbable y no por lo que es, por lo que hay, por lo que se ve y se comprueba en la realidad.

Esa capacidad de intuir a un diamante tallado y pulido detrás de una roca suele jugar en contra de la rana o la ratita. Puede que juegue a favor del plan secreto que ella tiene. Tal vez su plan consista en ser la artífice de un milagro; el de transformar a un escorpión en un osito panda, o convertir a un sapo verde en un príncipe azul, gracias a un beso.

Lo cierto es que no todo el mundo está dispuesto a desempeñar un determinado papel. Por eso es necesario hacer un «casting». Ni Mauricio ni Tomás estaban dispuestos a hacer el papel de «malqueredor» que Gino representaba con tanta destreza y que a Marta le encantaba. Aunque conocemos a muchos Juanes, a muchos Ginos, a muchos gatos y escorpiones que están sueltos por la vida, esperando a que venga alguna «presumida» a transformarlos en dioses, no cualquier hombre está dispuesto a ser tratado como alguien que no es, por muy maravilloso que sea el personaje que le propongan.

Dejarse llevar es elegir

Otra manera de elegir consiste en creer que en realidad no se está eligiendo. De la misma manera en que el pecado de omisión también es un pecado, el no tomar una decisión en un momento determinado es una forma pasiva de tomar una decisión y de elegir.

Los argumentos que suelen utilizarse con más frecuencia en estas situaciones son: «Voy a vivir el momento», «Sé cómo es él (sé que está casado, sé que bebe, sé que no se compromete) pero no me importa porque no me pienso implicar», «Sé que no es el hombre de mi vida, pero mientras dure… qué más da», o «Por ahora no me importa, pero si veo que me hace sufrir lo dejo y punto». «Mientras no aparezca nada mejor, estoy con él, después ya veremos».

Lo cierto es que la mayoría de las mujeres que conozco que han utilizado este argumento para enfrascarse en relaciones desastrosas mientras «esperan al príncipe azul», terminan implicadas hasta los tuétanos en cada relación y, lo que es peor, cuando caen en la cuenta de que están sufriendo, suele ser demasiado tarde para dejarlo y punto. Pueden dejarlo, sí, pero, en el intento, suelen arrancarse los ojos y la piel.

Cometer dos errores en vez de uno

«Si uno comete el error de comprarse algo que le sienta mal, no es preciso cometer un segundo error y ponérselo». Eso decía mi amigo Carlos hablando de la ropa y siempre me pareció un consejo muy sabio. Inspirada en esa recomendación regalé a tiempo y sin estrenar unas cuantas prendas que me habrían hecho parecer, como poco, ridícula. Lo mismo ocurre con las parejas. Cuando alguien se equivoca eligiendo, no es preciso perpetuar la equivocación permaneciendo junto a un hombre que sólo puede hacer sufrir. Sin embargo, es muy frecuente ver a una mujer defendiendo una mala elección, con el mismo fervor con el que un jugador de bolsa se aferra a una inversión ruinosa.

Se puede elegir a un hombre que sienta fatal porque está de moda, por las prisas, por el color o porque estaba rebajado. A veces se elige a un hombre que sienta fatal porque la interesada pensaba que lo quería para una cosa, y resulta que en realidad lo buscaba para otra. Y en vez de devolverlo a tiempo para recibir el reembolso, cambiarlo por otro, o donarlo rápidamente a una ONG, la malquerida se empeña en transformarlo, en cambiarle las mangas, en cambiarse ella misma y convertirse en otra, o en adornarlo a él, inútilmente, con alhajas de la propia cosecha.

Si desprendernos de una falda equivocada es tan difícil, podemos imaginarnos cuánto más difícil será reconocer el error cuando el chasco nos lo llevamos con un hombre que nos gusta y al que además hemos elegido con muchísimo cuidado. Con una precisión extraña, sí, incluso inexplicable desde el punto de vista de la lógica consciente, pero una precisión que obedece a algún mandato secreto de la historia infantil.

4

Creación de un dios

Soporto tus defectos. Uno se acostumbra a los defectos de Dios. Soporto tu ausencia. Uno se acostumbra a la ausencia de Dios.

Marguerite Yourcenar

El enamoramiento: «A la cuenta de tres…»

A la cuenta de tres te quedarás profundamente dormido. Son las únicas palabras que pronuncia el hipnotizador y en ese mismo instante el cuello del hipnotizado pierde su razón de ser y su cabeza cae como un plomo sobre su pecho, sin fuerzas, sin destino.

El hipnotizador se dirige a la audiencia, para explicar en qué consiste el número que va a representar. A través del escenario le vemos ir y venir. Mientras tanto, el hipnotizado permanece en *off*. Desmadejado, sin voluntad, a la espera de que la voz de su amo le devuelva la vida. A partir de ese momento, el hipnotizado estará dispuesto a hacer cualquier cosa que su dueño le ordene por ridícula, absurda o vergonzosa que parezca: puede rugir o gemir, dar saltitos a la pata coja, vestirse de lagarterana o desvestirse por completo. Entonará baladas infantiles, bailará danzas regionales, o puede que estornude cada vez que escuche la palabra azul.

La destreza del hipnotizador es prodigiosa y arranca «bravos» a un público enardecido que aplaude satisfecho ante la sumisión sin condiciones que un ser humano puede imponer sobre otro, sin usar la fuerza bruta. Los aplausos se redoblan. Espectáculos como éste se representan en todas las esquinas sin que nos percatemos.

Mi amiga Laura es una pintora reconocida. A lo largo de sus años de formación ganó becas que la llevaron a vivir en Roma y en Nueva York y la convirtieron en una mujer de mundo. Hoy presume, con razón, de poder vivir de su pintura. Laura lleva tres años locamente enamorada de Guillermo. Si se pelean, ella no está para nada ni para nadie. No tiene ganas de pintar, ni de hablar, ni de comer, ni de dormir. En esos casos apenas es una mujer de trapo atada a un teléfono móvil, que sólo es capaz de esperar a que la musiquita de la llamada de Guillermo suene y la despierte del letargo. Es completamente irrelevante quién tuvo la culpa de la pelea. Ella siempre está dispuesta a responder a la primera llamada.

«No lo hago por Guillermo —explica—. Lo hago por mí, porque me muero si no hablo con él».

Si suena la musiquita y detrás de la musiquita se oye la voz de Guillermo, Laura empieza a cobrar vida. Regresan los colores al lienzo que está pintando y a su cara. Respira, y se comporta como si fuera una mujer normal. Otra vez tiene ganas de vivir y de salir del taller. Hace la compra y prepara verdaderos banquetes para Guillermo y para los amigos.

A Guillermo nadie lo aplaude cuando va por la calle y, sin embargo, ha conseguido hacer con mi amiga Laura exactamente lo mismo que hace el hipnotizador con su hipnotizado. *A la cuenta de tres...* parece decir Guillermo cada vez que aparece, *A la cuenta de tres...* cada vez que desaparece y eso basta para que Laura baile al son que él le marca. Ella no es nadie si él no está, y sólo recobra la vida cuando escucha su voz.

Freud fue el primero en comparar el estado del enamoramiento con la sugestión hipnótica. El enamorado está como abducido por su amo(r), literalmente hipnotizado. Pierde toda la voluntad junto a él. Todo lo que escucha de su boca le parece una genialidad, porque la grandeza de su amo(r) está más allá de toda medida. El enamorado, que hasta ayer era una persona capaz de distinguir lo que le parecía bien de lo que no le gustaba, el blanco del negro, lo dulce de lo amargo, la noche del día, ha perdido su vieja capacidad de discernir, no tiene voluntad. De ahora en adelante, sólo aquello que salga de la boca de su amo(r) será «palabra de Dios».

El efecto hipnótico pasa

Por supuesto que enamorarse de verdad-verdad requiere estar ciego y estar loco. Volverse necio y creer en los Reyes Magos. ¡Aleluya! El amor no es ecuánime ni racional. Enamorarse es estar dispuesto a morir o a matar por amor. Enamorarse es descubrir la pólvora y el queso rallado el mismo día. Doctorarse con honores en cursilería y no poder dominar esa sonrisa bobalicona que se impone y que se lleva colgada en la cara. Tanto es así que estoy de acuerdo con cierta propuesta que escuché: debería existir una baja laboral transitoria por enamoramiento, que dispense al enamorado de toda responsabilidad hasta que consiga poner de nuevo los pies sobre la tierra.

Si el amor es correspondido, se opera un proceso de vasos comunicantes que podemos comparar con el funcionamiento de las parejas de siameses: *te presto mis piernas, déjame usar tu corazón* o algo así. Todas las posesiones personales del uno pasan a nombre del otro y viceversa. El otro será el listo, el simpático, el más profundo, el más inteligente y el más gracioso. Sin duda, será el más guapo y tendrá los dientes más perfectos de Occidente. Todo lo que hasta ayer era propio, pasa a engrosar las cuentas del otro. La capacidad de discernir y de decir «esto me gusta y esto no me gusta, con esto estoy de acuerdo y con esto no», está ahora en manos del otro. Así, mientras más se embellece y se encumbra al amo(r), más dependiente y empobrecido se queda el enamorado.

Al amado se le ofrece un manojo de llaves: «Te entrego todas las llaves de mi vida. Las de mi casa con todos sus armarios, sus cajones y su caja fuerte. Te entrego las llaves de mis pensamientos, las que guardan mi pasado, y las que esconden mi futuro, que ya no es un enigma porque voy a vivirlo junto a ti. Las llaves de mi cuerpo son tuyas, puedes usarlas cada vez que quieras. Te entrego las llaves de mis dioses. La llave de mis deseos, la de mis miedos, la de mi risa y la de mi dolor: soy toda tuya». Y en ese momento la amada se queda desnuda, expuesta completamente a la intemperie.

En el momento más álgido del enamoramiento nadie corre peligro, porque el uno está locamente enamorado del otro, y al otro se le supone también locamente enamorado del uno, el hipnotismo es mutuo y la entrega sin condiciones del «manojo de llaves» se opera en forma de intercambio.

Pero… lo siento, el enamoramiento enloquecido del principio pasa. Sí, ya sé que es una pena, pero es que tenemos que volver a comer, y a dormir y regresar al trabajo. Varias cosas pueden pasar entonces. Una forma de evitar el encuentro con la realidad es mantener la relación dentro de los límites de lo imposible, la clandestinidad o la distancia son buenos aliados en estas circunstancias.

Cuando María y Andrés se conocieron ya estaban casados… con otras personas. Desde que se vieron la primera vez se enamoraron con un flechazo desesperado, sus respectivas relaciones habían caído ya en el tedio y no fue difícil reencontrar la ilusión en la mirada enamorada que ese nuevo desconocido les brindaba. Son amantes desde hace cuatro años. Se gustan, saben excitarse el uno al otro sólo con la voz; se miman, se entienden, se adoran. Tanto es así que hace poco tomaron la decisión de separarse de sus respectivas parejas para estar juntos. Los primeros meses, a pesar de las dificultades de cada separación y del dolor que causaron a su alrededor, la felicidad reinaba entre ellos. La pasión era su plato preferido. Pasaron juntos un verano inolvidable… La «vuelta al cole» fue más dura. Poco a poco, para su sorpresa, cayeron en la cuenta de que no se conocían. Los tropiezos que habían padecido durante esos cuatro años siempre fueron achacados a las dificultades propias de los amantes. La aventura de descubrirse en la vida cotidiana no fue tan emocionante como los encuentros furtivos en la clandestinidad. Así que, antes de un año, Andrés tenía otra amante y María había regresado junto a su marido.

Otra posibilidad es que el amor desenfrenado del principio no soporte la desilusión que impone la realidad y pasemos del amor al odio. Del «eres el mejor» al extremo del «eres el peor». Recuerdo una amiga del colegio que tenía una gran facilidad para seducir. Todos sus novios eran perfectos durante unos dos o tres meses, hasta que se convertían en seres abominables, malcriados o aburridos. Tengo entendido que sigue buscando al hombre perfecto.

También están aquellos que son capaces de hacer el duelo por el ser idealizado de los comienzos, por «su dios» y quedarse con un simple ser humano, un compañero o compañera suficientemente bueno. Ese momento marca el inicio de la construcción de una relación más sólida que ha sobrevivido al desenfreno maravilloso de los primeros tiempos y ha sobrevivido también al final de ese desenfreno.

Que el enamoramiento es un antídoto muy eficaz contra los rigores de la vida cotidiana es algo en lo que todos estamos de acuerdo. Pero instalarnos a vivir en el parque de atracciones tiene su precio, así que, la mayoría de los mortales normalitos, nos conformamos con ir al cine o soñar. Todos, tengamos pareja o no, soñamos, fantaseamos con enamorarnos locamente otra vez y volver a creer en lo que hasta ayer nadie creía, y descubrir el único amor por primera vez en la historia de la humanidad, inventarlo, ilusionarnos y desempolvar los boleros y soñar con bailar y bailar. Y temblar con la palabra de una boca, embriagarnos con el olor de un cuello y una mano que nos haga parpadear la piel... y la piel... en fin...

El amor ¿es como el gazpacho?

Odio tener que escribirlo, pero al final, otra vez, como ocurre con todas las medicinas, todo es cuestión de dosis, de cantidades, de déficit o excesos, de indicación y de posología para que la (lo)cura del amor no se convierta en perniciosa. El enamoramiento es exagerado por definición, es atrevido, nos vuelve tontos, torpes, vulnerables... ¿Hasta dónde esa pasión nos puede avivar sin devorarnos? ¿Cuánto de masoquismo se precisa para no sufrir de más? ¿Cuarto y mitad? ¿Una pizca? ¿Dos kilos? Depender sí, pero ¿hasta dónde?, ¿a qué precio? En definitiva, ¿cómo domesticar a la fiera salvaje del amor?

No hay que pensar que tengo la fórmula. ¡Ya querría! El amor es como el gazpacho, al final cada quien tiene su propia receta y ningún gazpacho se parece a otro. Todos son gazpachos, todos llevan los mismos ingredientes, o casi, pero en distintas proporciones y mezclados a través de procedimientos diferentes. «Yo no le pongo pan». «Es mejor aliñarlo al final». «Mitad de tomates normales, mitad de tomates de pera». «Nada de ajo». «Hay que dejarlo reposar con hielo». En fin, que conozco tantos trucos para preparar el gazpacho como cocineras y tantas formas de amarse como parejas.

Lo cierto es que, por mucho que haya infinitas recetas, algunos gazpachos son objetivamente malos. Repiten, dan acidez, no saben a nada o saben mal. Demasiados ajos, cantidades indecentes de vinagre, exceso de pimiento o de cebolla, una mezcla espesa que hace mucho que dejó de ser un gazpacho y se ha convertido en una bonita mayonesa de tomate, etcétera, etcétera. Gazpachos, en fin, que sólo satisfacen a una sola cocinera y a un solo comensal. Ese vínculo será aceptable exclusivamente entre ellos dos, pero como idea de negocio en hostelería, sería ruinoso. Hay gazpachos que intoxican y hay amores que matan. Lo importante es descubrir ¿qué busca esa cocinera en el ejercicio de su pasión? ¿Qué negocio pretende montar con un amor así? ¿Por qué invierte toda su energía en defender un gazpacho que a todas luces es desastroso para su salud? Hay casos en los que suele haber elementos comunes más o menos identificables. Signos, al principio imperceptibles, que con el tiempo pueden ser señales de alarma que nos ponen sobre aviso de que nos encontramos ante el peligro inminente de un amor retorcido.

Dios

Al principio hubo un dios. Era una madre mítica —la madre de la gestación y los primeros momentos— que nos hacía sentir completos, que se encargaba de hacernos creer que no nos faltaba de nada. Poco a poco descubrimos que no sólo no estábamos completos sino que, además, dependíamos terriblemente de ese dios, para comer, para desplazarnos, para sobrevivir. Por si fuera poco, caímos en la cuenta de que la dependencia no era recíproca y que ella era autónoma, que no nos necesitaba en absoluto y que en cualquier momento nos podía dejar irremediablemente solos, abandonados a nuestra torpe autonomía. Todo esto nos produjo un sentimiento de vértigo y de horror contra el que luchamos, sin saberlo, cada día, cada minuto de nuestra vida.

Venimos al mundo desprotegidos, pero con una herramienta muy original que es nuestra habilidad para construir imágenes narrativas; historias, mitos, cuentos, leyendas, religiones, que nos permiten hacer más soportable una vida que, así, sin más, nos resultaría incomprensible y muy difícil de digerir. Para olvidarnos del desamparo, y también, claro está, porque nos gusta, hacemos amigos, tenemos hijos, trabajamos, escuchamos música, hacemos el amor, viajamos, escribimos, silbamos, vemos la televisión, jugamos a los videojuegos, leemos, rezamos y cantamos rancheras. Para no sentirnos tan solos y a la deriva, una vez abandonada la ilusión del paraíso terrenal, también creamos dioses.

La creación de un dios, de cualquier dios, obedece a una necesidad muy primitiva del ser humano de regresar a ese estado imaginario de sentirnos completos, en el que nos parecía que no había necesidades, ni carencias y que los peligros de la vida nada tenían que ver con nosotros, porque estábamos a cubierto de las desdichas, protegidos por un ser superior. Así, el amor a un dios, el amor a secas, nos devuelve la ilusión de pertenencia y trascendencia sin la cual la vida quedaría reducida a una rutina hueca y sin sentido.

Creamos dioses que pueden fijar su residencia en el cielo o dos calles más allá de la nuestra, en el Olimpo o al lado derecho de nuestra propia cama. Podemos dedicarnos al culto del cuerpo, del trabajo, del dinero, de la amistad, o de aquel dios que para cada quien será su único dios verdadero, aquel que dé un sentido trascendente a su vida.

Si pensamos, con Simone de Bouvoir, que el amor ocupa el centro de la vida de muchas mujeres y que en esa medida se convierte para ellas en una religión, entendemos que transforme al objeto de su amor en un dios, con todas las consecuencias y las peculiaridades que reviste relacionarse con ese dios en vez de hacerlo con un hombre.

Cuando caemos en la cuenta de lo que supone que una mujer esté enamorada de dios, tal vez nos resulte un poco más fácil comprender la disposición de algunas de ellas a inmolarse por amor. Porque ningún hombre —ni ninguna mujer— es lo suficientemente extraordinario como para merecer tanto sacrificio, tanto sufrimiento y tanta entrega como aquella que observamos en ciertas relaciones.

Crear un dios

¿En qué consiste crear un dios? Según las Sagradas Escrituras, fuimos nosotros los creados por Dios que nos hizo a su imagen y semejanza. En cambio la mujer suele crear a su dios a imagen y semejanza de un otro. De un otro que suele recordar sospechosamente a sus «otros» más significativos, a su padre, a su madre, o tal vez al padre o a la madre que en el fondo hubiera deseado tener y que no tuvo.

Imaginemos por un momento lo que supone ser la artífice, la creadora de ese dios. Para empezar, esto debe conferir una sensación de poder incalculable. Así, la mujer que se dedica a convertir a su hombre en ese dios tiene la potestad de usar la varita mágica de su amor para asignarle atributos a su antojo: «Serás inteligente, serás frágil, serás sensible, serás fuerte, pero, por sobre todo, serás muy vulnerable y no podrás vivir sin mí. Serás un dios todopoderoso, pero incapaz de sobrevivir sin las ofrendas de tu sierva, de tu dueña».

¿Conocemos realmente al otro o lo inventamos, lo creamos? Como vimos en el capítulo anterior, no todo el mundo se presta a representar ese papel. Hay quien se siente identificado con esa imagen divina y se ofrece encantado a jugar al juego de ser dios, encaja a la perfección con el disfraz que una mujer enamorada ha confeccionado para él. Es necesaria una cierta inclinación al «propio endiosamiento» para encajar en el papel con comodidad, con naturalidad... como si alguien se mereciera un lugar tan comprometido como el lugar de Dios. Hay otros, los más realistas, que dudan, sospechan... «¡pero si yo no soy así! ¡Yo no soy tan maravilloso como tú me ves!». Son los que abandonan con pena el brillo del pedestal porque se sienten mejor en tierra firme.

A Dios, a cualquier dios, lo imaginamos, para empezar, omnipotente. Sentado en las alturas, en su propia nube, ni siquiera necesita de una varita mágica para mostrar su poder. Le basta con levantar el dedo índice de la mano derecha para crear y descrear, para mandar y desmandar. A nuestro hombre, a nuestro dios, lo vamos a imaginar dando órdenes a través de un artilugio que adora: el mando a distancia.

El mando a distancia

Junto con el manojo de llaves del que hablamos antes, la enamorada también hace entrega de un mando a distancia a través del cual nuestro dios puede controlar a su sierva sin moverse de casa. Si ese dios llama a la interesada, si viene a verla, si la trata bien, la propia imagen de ella ante sí misma quedará más nítida, se sentirá mejor y verá la vida en colores. En cambio, si su dios desaparece un par de días, si no llama, si ignora la existencia de la amada, el volumen de su propia vida disminuye, la vida no se escucha como antes, su imagen empieza a verse borrosa y puede llegar a desaparecer. Algo le ha cambiado en la cabeza. Del canal de estar contenta con su vida, pasa en un segundo, con un solo click, al canal del vacío, ese canal en el que su vida no tiene mucho sentido y todo se ve gris verdoso. El caso de Mercedes ilustra con gran claridad lo que intento explicar:

Mercedes y Jorge estaban haciendo planes de boda cuando, una tarde, Jorge le confesó a Mercedes que no estaba preparado para dar un paso como ése, que lo sentía muchísimo pero que prefería seguir soltero y además solo. Al principio, Mercedes pensó que era una broma. Aquello no podía ser verdad. Después de una larga conversación, muy dolorosa para ambos, resultó que era cierto. Jorge se fue y Mercedes quería morirse. O ni siquiera quería morirse, también morir le suponía un esfuerzo que no hubiera sido capaz de enfrentar. Mercedes, simplemente, no quería estar. No quería estar despierta, ni dormida, ni sentada, ni de pie. No quería ni comer, ni hablar con las amigas. No quería tumbarse en el sofá a ver la televisión, ni podía ir a trabajar de tanto dolor. Lloraba sin consuelo, sin fin. En ésas estaba Mercedes, muriendo, llorando, cuando Jorge llamó para pedir perdón, con una disposición inequívoca de reconquistarla y de volver a intentar la relación. A Mercedes le volvió la sangre a las venas, renació. Explicó su regreso a la vida de una manera muy curiosa. Me dijo: «Cuando colgué el teléfono volví a saborear el café con leche. Es que hasta algo tan cotidiano como el café con leche se me había borrado».

La resurrección de Mercedes por la puerta grande del café con leche nos sirve para ilustrar esa disposición que tienen algunas mujeres para entregarse en alma y cuerpo a los antojos del amor. Desde los latidos más intensos del corazón, hasta los más mínimos caprichos gastronómicos, todo está a merced de un mando a distancia que controla otro. La vida de Mercedes iba bien junto a Jorge, de pronto la vida —click—, se acaba. De pronto la vida —click— regresa.

Efecto pausa

Sin embargo, de todos los registros que es capaz de abarcar ese mando a distancia, me parece que el más estremecedor es la función de «pausa», como cuando estamos viendo una película en DVD y necesitamos atender el teléfono o hacer una excursión por la cocina, en esos casos apretamos el botón de «pausa» y la imagen permanece congelada, los actores, muy amables, esperan paralizados a que regresemos al sofá para verles. No importa lo que estuvieran a punto de hacer, da igual si se estaban besando, si el avión iba a caer en picado o estaba despegando. Allí nadie mueve ni un músculo hasta que nosotros volvemos a apretar el botón de «pausa» y damos la voz de continuar; entonces sí, muy naturales, retoman el beso, la explosión o el paseo.

Sara es una paciente especialista en dejarse arrastrar por el «efecto pausa». Lleva años en una relación intermitente (*on & off* que es como se califica en inglés, de una manera muy gráfica, a este tipo de relaciones) con Javier, que es un cruce de *play boy* seductor con intelectual atormentado a quien casi nadie soporta excepto Sara. Como en aquella canción de Jacques Brel, «*Ne me quitte pas*», Sara está un escalón por debajo de la sombra del perro de Javier. Completamente fascinada con cualquier cosa que Javier haga o diga, Sara está convencida de que ha descubierto una joya, piensa que tiene muchísima suerte de que Javier se haya fijado en ella y se siente tan afortunada, que agradece y disfruta cualquier migaja de compañía que él le ofrezca.

Sara goza, claro que goza. Sara sufre, claro que sufre, porque con el mismo entusiasmo con el que Javier la lanza a los cielos, la hace bajar de un golpe a los infiernos cuando no llama o cuando la deja plantada. Las subidas y las bajadas bruscas dan vértigo y Sara ha fijado su residencia en una montaña rusa que se enciende y se apaga sin avisarle. Cuando Javier desaparece, cuando no la llama, si no responde el teléfono, o ni siquiera responde a sus mensajes, la vida de Sara se detiene como hace el DVD a la voz de «pausa». No es capaz de hacer nada con naturalidad y lleva un nudo en el estómago que no la deja respirar. Duerme mal, llora por los rincones y pierde el apetito. Entonces sustituye a Javier por una buena dosis de ansiolíticos para calmar un poco la angustia, pero lo pasa mal. Lo pasa muy mal. A veces se enfada y jura a sus amigas que ésta será la última vez. Asegura que ella no se merece un trato así, que cuando vuelva a llamarla se va a enterar... etcétera, etcétera, etcétera... Hasta que una mañana aparece el nombre de JAVIER brillando en la pantalla de su móvil y se acaban todos los enfados.

Ése es el momento en el que Javier desactiva el botón de «pausa» que mantenía a Sara detenida. Sara vuelve a ser exactamente la misma que había quedado congelada dos meses, tres días, cuatro horas y siete minutos atrás. Nada ha ocurrido para ella entre la desaparición de Javier y su regreso. Sabemos que es Sara y no un personaje de DVD porque ha bajado un poco de peso, pero en realidad, para ella, en su vida, no ha pasado ni un segundo entre la última escena y la siguiente. Es como si Sara no tuviera acceso a su propia vida, porque no puede hacer nada ni para activar ni para desactivar ese botón de «pausa». El mando a distancia está en las manos de Javier. Él aprieta un botón y, mientras tanto, puede continuar con su vida haciendo caso omiso del estado de Sara, como ocurre con el DVD del salón de su casa (va al baño, atiende el teléfono o se prepara un bocadillo; trabaja, ve fútbol por televisión, se va de copas...). Cuando Javier llama de nuevo a Sara, pone voz de «aquí no ha pasado nada» y se sorprendería muchísimo si ella se enfadara o respondiera con una voz más seca de lo normal.

Si en este libro hubiera alguna recomendación, alguna insinuación respecto al camino a seguir en el trazado de este mapa complicado de la vida y de las relaciones afectivas, esa recomendación sería la del camino de la independencia y de la autonomía, de manera que nunca hay que perder de vista ni el manojo de las propias llaves ni el propio mando, no hay que dejarlo en manos extrañas... por muy maravillosas y bienintencionadas que esas manos nos parezcan.

No obstante, la entrega del manojo de llaves y del mando a distancia no es la única, ni la más esencial. Se puede llegar a entregar algo tan personal, tan fundamental como los propios deseos.

«Tus órdenes son mis deseos»

La vieja frase de *Tus deseos son órdenes para mí* no refleja con toda justicia la envergadura de la donación que algunas mujeres son capaces de realizar. Habría que modificarla para que diera cuenta del alcance de la incondicionalidad a la que están dispuestas. Si a cambio escucháramos: *Tus órdenes son mis deseos*, la frase describiría de una manera más fiel la situación. «Tus deseos son órdenes para mí» sería como decir: «Vale, entiendo que es eso lo que quieres y lo acepto, me guste o no me guste, estoy dispuesta a complacerte porque te quiero». En esa postura hay un cierto reconocimiento de la diferencia: «No me gusta, no obstante, te complazco, porque te quiero». ¿El resultado al final será el mismo? Puede que sí. En cualquier caso ¿se cumplen los deseos del amado? Probablemente. Sin embargo, en este caso se conserva algo de autonomía y los límites de la propia persona siguen estando ahí.

La segunda manera de entender la frase: «Tus órdenes son mis deseos», expresa una posición de rendición más tajante. Sería como decir: «Me he entregado a ti, de tal manera, que ya no tengo deseos propios ni criterio de lo que me gusta o lo que no me gusta. Estoy disponible, y sólo espero a que tú quieras algo, para yo convertir tus deseos en mis propios deseos. Entonces los cumpliré sin rechistar porque yo misma querré para mí, como si fuera mío, aquello que tú quieras». Ni más ni menos que lo que el hipnotizado le manifiesta con su actitud de entrega a su hipnotizador. El otro nos ha devorado por completo. El amor es el amo.

Pero un amor como este amor tiene truco. Aquello que parece el puro amor amante, generoso y entregado, tiene otra cara: es también una manera de llevar al extremo aquello de «amar al otro como a nosotros mismos». ¿Ama la amante al otro? ¿O se ama a sí misma a través de la grandeza que ella sola ha inventado y que atribuye al otro? ¿Cuál será la frase que gobierna una agenda secreta de esta naturaleza? Ella ama su propia creación. Ama en el otro todo aquello que era suyo o que ella quería para sí y que ahora sirve para adornar a su amo(r). Todo lo que antes la hacía sentir orgullosa de sí misma, ahora le pertenece al amado. Ella se ama a sí misma a través de él.

¡Pobre dios!

Todos hemos oído hablar de lo poderoso que puede llegar a ser Dios, pero ¿qué pasaría si el mismo Dios descendiera desde sus alturas para pedirnos un favor? ¿O para rogarnos entre lágrimas perdón?

Irene recordaba llorando el día en que Juan la dejó:

> Él me dejaba a mí y yo era la que le consolaba. Cada vez que lo pienso… ¡me da muchísima rabia! Ese día yo le consolé y él lloró, ¡el pobre! Él me estaba dejando porque se había enamorado de otra, y el muy cerdo lloraba. Seguro que se sentía culpable, pero el caso es que él era el que lloraba y yo la que le consolaba. Cuando me acuerdo me muero de la rabia.
>
> Al día siguiente él ya estaba aliviado, estaba todo resuelto, ya había llorado y había descargado su culpa. Se había ido con la otra, ya había puesto todas las cosas en su sitio y el sitio que me había tocado a mí era el peor. Era el sitio de consolarle primero, y después quedarme sola con mi pena, hecha polvo. Y hasta hoy…

Saber que se trata de un dios es la única manera de entender cómo es posible que, mientras que Juan dejaba a Irene por otra, él lloraba destrozado, e Irene, la abandonada, la malquerida, la engañada, se comportaba como si fuera la fuerte y era la encargada de consolar y comprender.

Hemos creado a un dios, hemos creado a un monstruo. Se trata de un dios muy peculiar, ese dios es todopoderoso y desvalido a la vez. Es un «niño-dios», porque hay que comprenderle y perdonarle todo. Porque ese dios sí es dios, pero es frágil y cualquier cosa le altera el humor o le ofende. Este personaje que inventamos a veces es un bebé recién nacido y otras veces un dios implacable, casi nunca es un hombre. Porque es que el pobre dios tuvo una infancia muy difícil, y tiene abiertos muchos frentes en el trabajo, y está muy estresado, y su mujer no le comprende o, lo que es peor, su mujer sí le comprende y él no podría hacerla sufrir. Tiene problemas económicos y le han partido el corazón más de una vez, y no puede confiar y está un poco confundido. Y quiere muchísimo a su chica, pero no se puede comprometer por ahora y por el bien de ella, claro está y es que está saliendo de una relación muy traumática, y no está preparado... y sólo quiere que se le tenga paciencia y que se sepa esperar por él y que se le perdonen una vez más sus errores. Sólo una vez... o dos... ¡Pobre dios!

¿Qué más puede pedir una mujer que ver a ese dios postrado, frágil, indefenso pidiéndole ayuda, tiempo, comprensión, perdón? ¿Cómo podría resistirse? ¿Cómo no darle a ese dios cualquier cosa que pida?

Porque al parecer la mujer que le quiere no tiene problemas en el trabajo ni ha tenido infancia y, si por casualidad la tuvo, fue una infancia espléndida, y si fue dura le sirvió para fortalecerle su carácter y hacerla mucho más poderosa y mejor. Generosa, dispuesta y disponible para atender sus quejas y comprender las miserias del pobre dios... Además, ella es fuerte y sabe cuidar muy bien de sí misma, y es autosuficiente, ejecutiva y práctica, y sabe escuchar, así que podrá echarle una mano al pobre dios que está tan confundido, perdonarle otra vez y tener un poco más de paciencia.

Tengo la impresión de que los maltratadores son dioses parecidos, llevados a extremos siniestros. Frágiles. El vuelo de una mosca despierta sus celos o su enfado. Tienen mucha fuerza bruta y casi ninguna fortaleza de espíritu, muy poco empaque moral para tolerar las frustraciones o la espera. Ser dios es fácil… ser un hombre mortal y estar sujeto a los vaivenes de la vida común y corriente es mucho más complicado.

Imaginemos cómo sería el extremo trágico del caso de Juan y de Irene. Él llega a casa y la cena no está preparada. Ella pide perdón por su pecado y empieza a prepararla. Él protesta, se enfada, la insulta. Ella se atreve a replicar y explica que sólo tendrá que esperar media hora. Él no sabe esperar, no entiende por qué SU CENA no está preparada. ¿Qué otra cosa podría hacer ella más importante que preparar SU CENA? Discuten. Él le pega. En un momento de auténtica locura como ése, los dos están convencidos de que esos golpes están justificados. Él se va de casa, ella pide ayuda y consigue a duras penas llegar al hospital. Esta vez se ha pasado. Aconsejada por un familiar o por su médico, se atreve, finalmente, a poner una denuncia. Varias costillas rotas y el rostro desfigurado la obligan a permanecer ingresada. No hay duda, ella es la víctima. A los dos días alguien viene a robarle protagonismo. El pobre dios está sufriendo mucho más que ella y llora con más fervor y se mesa los cabellos con desconsuelo. El pobre dios no puede, no sabe vivir lejos de ella, pide perdón, reconoce su error, promete no volver a pecar, no volver a pegar. Está arrepentido, se siente culpable. Ella, todavía con las costillas rotas y el ojo izquierdo en paradero desconocido, acude a la llamada de ese dios desvalido y lo perdona. Dios muestra su cara de bebé y ella, como buena «madre» le perdona. Retira la denuncia y el ¡pobre dios! arrepentido en muy pocos días vuelve a ser el dios todopoderoso del mes pasado. El bebé muestra su cara de dios despiadado y vuelta a empezar.

A veces el arrepentimiento y la culpa son tales, que el verdugo se suicida. Cuando leo alguno de estos casos en el periódico siempre me pregunto por el orden de los factores que, en este caso, altera muchísimo el producto: ¿por qué ese dios no empezó por suicidarse?

Para una mujer malquerida, y en este caso, además, maltratada, el espectáculo de ver a un dios sumiso, pidiendo perdón, es muy conmovedor, y esas lágrimas de culpa suelen allanar el camino de regreso a la comisaría y ser la llave con la que tantas mujeres, todavía amoratadas por los golpes, retiran sus denuncias por malos tratos. Me parece que muchas confunden sentirse necesarias con sentirse queridas. El aspecto bebé de ese dios que ella ha creado la necesita, en cambio, el aspecto omnipotente del mismo ser, la malquiere.

Sin llegar al extremo de las mujeres maltratadas, en el territorio de las malqueridas merece la pena no perder de vista estos secretos pactos indelebles de fortaleza y de debilidad, de servidumbre y tiranía. En alguna parte de este horror, la sierva se siente reconfortada de ser la dueña de su propio dios, ese ¡pobre dios! enclenque que no es capaz de sobrevivir sin ella.

5

El pedestal

Todo dios necesita de un altar en el que se le rindan tributo y sacrificio. Para construirlo, la malquerida se deja las pestañas y las uñas, se arranca la piel a jirones y con las hilachas de su propia piel le saca brillo a ese pedestal sobre el que ella solita ha elevado a su dios.

¿Recuerdan a Graciela? Es la paciente que *sólo quiere una pareja estable*. Ella suele utilizar de una forma muy natural la metáfora del «pedestal» para referirse a la idealización con la que «bendice» a sus distintos dioses.

Graciela no tiene ninguna dificultad para enamorar y enamorarse, de manera que desde que empezó el tratamiento ya ha tenido varias parejas. No le cuesta encontrar pareja, a Graciela lo que le cuesta es ser feliz. Así, contaba en una sesión:

> Ahora que lo pienso me doy cuenta de que me he visto obligada a bajar a unos cuantos chicos del pedestal. Al-

guno, incluso, se ha lanzado al vacío por su propia cuenta. El caso es que yo sigo subiendo y bajando chicos uno tras otro.

A lo mejor lo que debería hacer es directamente cargarme el pedestal y así ya no tendría dónde subir a nadie. Si no hay más pedestal ya no tendré ni que subirlos ni que bajarlos. De ahora en adelante, cualquier relación será de igual a igual...

Después de un silencio prolongado y nostálgico prosigue:

No es tan fácil. Tengo que reconocer que yo me siento muy bien cuando tengo a un hombre subido al pedestal. Esa situación de querer a un hombre, de cuidarlo, de mimarlo, de admirarlo y de sentirme orgullosa de estar con él, a mí me va. Me siento llena, importante.

Parece que Graciela busca hombres que, de entrada, no parecen muy fáciles ni de querer, ni de admirar, hombres que necesitan tener un público, un esclavo, alguien que los encumbre. Ella, a su vez, se siente «llena e importante» con la función que cumple junto a estos hombres. A mí me recuerda a lo que una pila consigue hacer con un juguete: darle vida. Pensemos por un momento... Entre la pila y el juguete... ¿cuál de los dos es dios?

El cuento de la pila y el juguete

Érase una vez una pila solita en el mundo. Estaba muy triste porque no encontraba un sentido a su vida.

No sabía quién era, ni cómo era, ni para qué ni por qué era lo que era. Entonces se tropezó con unos trozos de latón y unos pedazos de plástico de colores muy vivos, y unos cables y unas cuentas de vidrio. ¡La pilita encontró su lugar en el mundo! Ahora su vida sí tenía sentido, ahora sabía por qué y para qué estaba en el mundo. Y ese juguete que ella había construido y que tanto necesitaba de ella para respirar, era lo más importante de su vida, y estaba dispuesta a hacer por él cualquier cosa, porque él era su razón de SER.

La pilita, por cierto, se llamaba Señorita Frankenstein, creadora, ella sola, de un ser extraordinario.

Imaginemos a un juguete en su caja, de formas atractivas y colores llamativos... pero inerte, incapaz de lucir sus encantos por sí solo. La pila, en cambio, llena de energía, llega dispuesta a infundirle vida a su juguete, y consigue que ese montón de plástico se mueva, hable, camine, encienda sus luces y se comporte como si fuera un coche de Fórmula Uno o un payaso. Pero esa misma pila tan suficiente ante el juguete, es muy poquita cosa sin su amasijo de plástico y de metal. Sería un cadáver inútil; lleno de posibilidades, sí, pero sólo un cadáver hasta que se demuestre lo contrario, hasta que justifique su existencia al unirse con otro ser al que pueda dar vida.

Ninguno de los dos —ni juguete ni pila, ni el ídolo de barro y su malquerida— es nada sin el otro, la fusión con el otro es lo que a cada uno le da vida. El encuentro entre ambos conduce a situaciones muy curiosas, uno de ellos —el que hace de juguete en el juego— será el visible, el llamativo, el hermoso, aquél al que hay que admirar; ése es el que sin duda estará encaramado en el pedestal. El otro —generalmente ella— se mantiene oculto en el anonimato. Escondida, se cuida mucho de disimular su importancia y su valor. Aquello tan trillado de que «detrás de un gran hombre siempre hay una gran mujer», es otra forma de decir lo mismo. La malquerida, la pila, la mujer en la sombra, necesita también de ese lugar para sobrevivir, aunque a nosotros, desde fuera, nos parezca horrible. No es un lugar impuesto, es un lugar que ella misma ha elegido aunque no tenga conciencia de haberlo hecho, porque ese lugar le permite sentirse indispensable y poderosa, y ya se sabe, para sentirse muy indispensable, hace falta buscarse a uno que esté muy, muy necesitado, a uno muy tímido o muy incompetente, por ejemplo. Esto es mucho mejor que aquella sensación de vacío, de inconsistencia, que mostraba la pilita perdida antes de construir y darle vida a su hombre, a su monstruo, a su dios.

Algo de esta naturaleza explica que una mujer esté dispuesta a pasar una y otra y otra vez por el mismo suplicio, a pesar de la experiencia de maltrato y de abandono que haya podido sufrir.

Entre juguete y pila, dios y sierva, ídolo y malquerida, se establece un equilibrio muy peculiar que ya Hegel describió en su conceptualización de la dialéctica del amo y del esclavo. En esa relación de dependencia extrema, ¿no se convierte el amo en esclavo de su esclavo? Esto me recuerda la película de Joseph Losey *El sirviente*, que recrea la situación se dependencia del amo respecto al criado de una forma inquietante: un joven aristócrata inglés contrata a un mayordomo a su servicio. Paulatinamente, el mayordomo se hace cada vez más indispensable para el amo, llega a dominar su vida por completo. La trama se complica con amores, pasiones y desamores hasta que el sirviente consigue mantener postrado al amo y verlo humillado, literalmente, rendido a sus pies. ¿Quién manda? ¿Quién necesita más de quién? Las relaciones de poder dentro de una pareja no son lineales y mucho menos inequívocas.

Separación de bienes y de males

Cuando Viviana y Hernán se separaron hicieron cuentas y se repartieron los bienes y los males a partes iguales. A cada quien lo suyo. Dividieron el botín de la convivencia al 50 por ciento y ese reparto dio como resultado que, desde entonces, ninguno de los dos es ni tanto, ni tan poco, como en otras épocas habían imaginado.

Durante el tiempo que vivieron juntos, el deprimido oficial era Hernán, él era el que pasaba los fines de semana en el sofá viendo la televisión, él era el aburrido, el del fútbol, el que no tenía inquietudes, ni ganas de nada. Viviana, en cambio, era la alegría de la huerta, la animada, la dispuesta, la que siempre tenía a mano un plan entretenido con amigos. Cuando se separaron, por iniciativa de Viviana, sucedió una cosa muy curiosa. Todos esperaban que Hernán se hundiera y que Viviana, liberada de la carga que suponía para ella su pareja, saliera adelante triunfante y llena de vitalidad. Hernán lo pasó mal al principio, pero muy poco tiempo después había encontrado a otra pareja, probablemente a otra «supermujer», dispuesta a inyectarle toda su energía. Viviana, por su parte, en un primer momento, sí, se sintió aliviada, liberada. Tras unos meses de euforia y de sexo en Nueva York, en Albacete y en el baño de algún restaurante… Viviana se deprimió como no había imaginado nunca que podía llegar a deprimirse. Cuando cayó la ilusión, y el escenario quedó al descubierto como tal, fue el momento en que Viviana llegó a mi consulta buscando ayuda. Comprendimos que en el reparto, junto a los platos y los cubiertos, las propiedades, las fotos y los libros, a cada quien le había tocado su propia cuota de melancolía, de vacío y ella también pasó por una depresión muy profunda. La ausencia de Hernán la obligó a enfrentarse con sus propios duelos y se sentía hundida e inservible, perdida en un cajón, como una pila inútil. Hernán le había servido para ocultar su propia depresión. Junto a él, ella podía encarnar el personaje «vital» de la historia. Lejos de él sus propias penas quedaban al desnudo. A lo largo del tratamiento, Viviana no sólo se recuperó de su pena, sino que encontró en ella misma razones para vivir por y para ella misma.

6

Los pecados capitales

¿Es o no es amor?

En algunos de los libros dedicados al tema del amor y las relaciones, he leído cosas como: «Eso que sientes no es amor, es dependencia», «esto tampoco es amor, es pasión», «no le quieres, tienes un problema de adicción», «eso no se llama amor, se llama masoquismo». Afirmaciones semejantes siempre me dejan pensando... ¿Es o no es amor? Si no lo es, entonces ¿qué es el amor? ¿Quién lo sabe? Si a ese sentimiento que nos hechiza y nos descoloca y nos devuelve los colores y nos quita el aliento, lo despojáramos de todos esos atributos, ¿con qué nos quedaríamos? Seguramente con una especie de afecto gris, políticamente correcto, pero soso, muy soso.

Desde que descubrimos que no estamos solos en el mundo, todas nuestras relaciones, todas, sean amorosas o no, sean o no relaciones de pareja, están teñidas de dependencia. Dependemos de la señora de la limpieza, del que nos vende el periódico el domingo, del mecánico que nos monta la rueda del coche y de la esteticién que no tiene hora para atendernos esta misma tarde; y ellos también dependen de nosotros. La sola existencia del vínculo, implica una dependencia recíproca. Para que el intercambio sea posible, una orilla necesita del puente, tanto como la otra. Si no hay dependencia no hay relación y por lo tanto no hay amor.

¿Y la pasión? Me temo que sin pasión no hay amor, habrá cariño, tolerancia, conveniencia, resignación, pero algo en el otro nos tiene que apasionar para mantener viva una relación. Parece que cuando hablamos de pasión sólo nos referimos a la sexual, pero no siempre es el cuerpo del otro lo único que nos apasiona de él, la pasión carnal es la más difundida, la que tiene mejor y peor prensa, la más saludable, la más atrevida, pero no es la única. Nos puede apasionar del otro su inteligencia, su sabiduría, su encanto, su disposición para querernos, sus cualidades de buen padre, su sentido del humor, su capacidad de entrega, o su cuenta corriente…, cualquier cosa, pero algo que exceda la costumbre tiene que permanecer encendido.

Por otra parte, sin un cierto grado de adicción por el otro, sin una cierta necesidad respecto a él, no seríamos capaces de perdonarnos mutuamente ciertas cosas. Tenemos que necesitarnos más allá de las convenciones y de la buena educación para levantarnos cada mañana junto al mismo ser sin salir corriendo. A la vez, sin una mínima dosis de masoquismo, no podríamos olvidarnos un poco de nuestro propio ombligo, de nuestro exclusivo interés, para mirar al otro, para aceptarlo en todo el esplendor de su diferencia.

La convivencia, cualquier convivencia, requiere una mínima capacidad de olvidarse de uno mismo, de poder esperar, de perdonar. Se necesita una dosis homeopática de masoquismo para vivir en sociedad y tolerar a ese extraño que tenemos al lado en el metro, en la cola del cine, en el trabajo ¡y en la cama! De hecho, las normas de urbanidad y educación son una manera de sistematizar esa obligada postergación del propio narcisismo.

En cierta medida, hay que estar dispuestos a sufrir. Ya nada será como fue. No estamos solos, ahora hay otro por quien sentirnos concernidos, otro por quien velar, otro a quien estar atentos, otro que puede echar a volar y dejarnos sin su compañía. A nuestras preocupaciones laborales, vendrán a sumarse las suyas, a nuestra salud, la del consorte. También ese otro aportará su preocupación por nosotros, su interés por las cosas importantes de nuestra vida, su atención, su complicidad, en definitiva, su amor. Tengo la impresión de que más o menos en eso consiste hacer pareja, en hacer equipo.

La pasión desbordada del principio, el efecto hipnótico del enamoramiento inicial cede, y ha de ceder en nombre de la relación, por culpa de la relación y a favor de la relación. El amor desesperado está destinado a morir o a matar. O muere en brazos de la cotidianidad, o mata al usuario de sufrimiento y de zozobra. Cada quien va a reaccionar de una forma distinta ante este cambio en el carácter de la relación, ante esta muerte impuesta por la rutina.

Amar a otro supone dependencia, masoquismo, adicción, sacrificio y pasión. Pero, como vimos en el apartado dedicado al enamoramiento, todo será cuestión de cantidades, como con el gazpacho. En el exceso está el pecado.

Pecados capitales

Los pecados capitales —de toda la vida— son aquéllos a los que la naturaleza humana, en su debilidad, está inclinada. Nosotros, los humanos, por el hecho de ser humanos, somos endebles, egoístas, propensos por ejemplo a desear para nosotros lo que otros tienen —envidia—, a irritarnos profundamente cuando no conseguimos nuestros objetivos —ira—, a querer acaparar para nosotros la mayor cantidad de bienes —avaricia— o a dejar para mañana lo que tendríamos que haber hecho ayer —pereza—. Estos pecados se merecen la denominación de capitales, no por su magnitud, sino porque son el origen de otros muchos pecados. A cada pecado capital se ofrece una virtud para combatirlo, así, por ejemplo, contra la soberbia se opone la humildad, el remedio contra la gula es la templanza, o la pereza se disipa con la diligencia. Esto es lo que dice el Catecismo.

En nuestro caso, llamaremos pecados capitales a esas debilidades de la pareja que aseguran el sufrimiento y que presagian un fracaso en la relación. No se trata de un problema moral, no es que esté feo comportarse de tal o cual manera, es que estos «pecados» suelen ser un pésimo negocio por el que se paga un precio demasiado alto.

A lo largo de mi actividad clínica he reconocido algunos patrones de funcionamiento de la pareja, que indefectiblemente conducen al fracaso de la relación y a un sufrimiento inconcebible. La detección de estos pecados tendría que funcionar como una señal de alarma, como un pitido, que advierta al usuario de que algo marcha mal, como esas líneas blancas de las autopistas que cuando un coche las pisa chillan —como si les doliera—, para avisar de que alguien se está pasando de la raya. En el mapa que estamos trazando, estos pecados servirán como un aviso de que se está pisando un terreno peligroso.

Por supuesto que hay infinitas modalidades de relación, por supuesto que cada pareja escribe una historia que ninguna otra pareja podría plagiar, pero hay grandes pecados que traen consigo aparejada su penitencia. Se trata de una clasificación arbitraria, como todas las clasificaciones, pero tiene a su favor la ventaja de ser gráfica y permitir una vía clara de identificación.

He conseguido identificar cuatro pecados capitales: la sumisión, la intermitencia, la adicción y la impostura.

El pecado de la sumisión se refiere a esos casos en los que la disposición a la entrega hace que se borren los propios límites. El «sumiso» se pierde, diluido en el otro. Con el pecado de la intermitencia, me refiero a esas relaciones *on & off*, que terminan y comienzan una y otra vez, y otra vez y otra, con la esperanza de que alguna de esas muchas veces sea la definitiva. La adicción —característica ampliamente tratada por muchos autores— describe a esas personas que, a pesar de estar inmersas en relaciones desastrosas, que procuran sobre todo sufrimiento, no son capaces de separarse; y, si se separan, regresan humillados en busca de su «dosis» de maltrato. La impostura describe a aquellas mujeres-Cenicienta que, junto a su pareja, no pueden ser como ellas son, mujeres que se sienten bajo el escrutinio de un príncipe que les prueba una y otra vez el zapatito de cristal a ver si la chica se ajusta o no se ajusta a sus expectativas.

Todos estos pecados tienen su explicación, su porqué, su cara, pero también tienen su cruz, y, como se sabe, cada pecado trae su penitencia bajo el brazo. Como sucede con los pecados de toda la vida, tampoco estos «pecados» son excluyentes entre sí, así, como se puede mentir y codiciar a la mujer del prójimo simultáneamente; robar y matar a la vez; no honrar a padre y madre y cometer actos impuros, también estos pecados pueden superponerse. Es muy frecuente pecar a la vez de sumisión y de intermitencia, o de impostura y de adicción, de intermitencia y adicción.

7

La sumisión

¿Dónde está Irene?

Irene siempre tiene la última palabra, que suele ser: «Perdón, lo siento». «Te entiendo». «No te preocupes». «Vale, está bien». «No volverá a ocurrir». «No importa, esto no te lo voy a tener en cuenta».

Irene es la mejor amiga de todas las amigas. La que siempre está dispuesta a hacer favores, a ayudar a los demás, a correr a buscar lo que supone que el otro necesita, a escuchar las quejas de todo el mundo contra todo el mundo sin echar leña al fuego. La que consigue reconciliar las situaciones objetivamente irreconciliables. Irene es un manual de urbanidad con pelo largo. Sabe lo que hay que decir, cuándo hay que decirlo y en qué tono. Lo correcto, lo incorrecto, lo que corresponde en cada situación. Lo justo. Irene sabe exactamente cómo hay que tratar a los demás, pero hasta ahora no ha conseguido que un hombre la trate a ella como se merece.

Irene llega a la consulta porque está cada vez más angustiada y no sabe qué es lo que le pasa. Está incómoda en su vida y no entiende por qué. Le parece que su relación con Juan no marcha bien y no puede comprender que no sea una relación perfecta, porque ella ha puesto todo de su parte para que lo sea.

La historia que me cuenta es más o menos ésta:

Chico conoce chica, se enamoran locamente y empiezan a salir. Juan es absorbente y quiere estar con Irene todo el día. Ella está enamorada y quiere estar con Juan todo el día. Los fines de semana los pasan juntos, solos, en la casa que él tiene en la sierra. A Juan le descansa mucho ver la televisión, Irene prefiere el cine, pero no le importa quedarse en casa con tal de estar con Juan. Ahora que pasan los fines de semana fuera de la ciudad, tienen menos ocasión de quedar con amigos, Juan no tiene demasiados amigos e Irene no tiene inconveniente en postergar a los suyos con tal de estar con Juan. Juan prefiere las mujeres con pelo corto y a Irene no le importa cortárselo. Total, cuando quiera se lo deja crecer otra vez. Irene solía vestir con ropas ajustadas, provocativas, que a Juan no le hacían mucha gracia. Así que Irene fue cambiando de *look*. Total, seguramente antes vestía así para buscar novio, y ahora que ya lo tiene… Irene está siempre disponible, nunca tiene otra cosa más importante que hacer, ni otras relaciones, ni ganas de otra cosa, ni opiniones distintas a las de Juan. El reclamo *Te quiero toda para mí, te quiero sólo para mí* que Juan le hizo cuando se enamoraron, Irene lo tomó al pie de la letra y se ha ido transformando en una mujer hecha de ese material de costilla que es tan dúctil, y que permite a Juan modelar a Irene a su gusto.

Mientras tanto, Irene ha olvidado lo que le gusta y lo que no. Ya no recuerda cómo prefiere la carne, si poco hecha o muy pasada. Pero no le importa. Total, ha llegado a gustarle cualquier cosa de cualquier manera. Ella es así de complaciente. Con esa filosofía del «TOTAL…» Irene se alejó de la familia, de las amigas, del estudio y sobre todo de sí misma, perdió su forma, sus contornos, sus rasgos parecían borrados… ¿Dónde estaba Irene? Se había quedado hueca, hecha como de aire, vacía, para que Juan pudiera llenarla a su antojo.

En el tratamiento descubrimos que Irene no era consciente de todos los cambios sutiles que ella misma había hecho con la intención de complacer a Juan. Desde los comienzos de su historia de amor ya se podía advertir que en la mente de Irene no estaban muy claros los límites entre uno y otro. En lo que a Juan concierne, no se podría hablar de maltrato, ni siquiera de acoso o de presión. Irene ha ido perdiendo sus contornos sin darse cuenta. Nadie podría decir que Juan haya exigido nada de Irene. Él pide e Irene concede, ¿por qué no iba a volver a pedir? Irene se ha vuelto de tal modo incondicional para Juan que ya le sale natural. La sumisión de Irene no es obligada, es congénita y la practica siempre que tiene ocasión y con cualquiera. En el trabajo, con las amigas y con su familia. Sólo que con Juan le parece que está todavía más justificada.

Juan, por su parte, no es ya que pida, sino que encima protesta porque Irene lo agobia. La distancia justa, cómoda para los dos, parece imposible de alcanzar. La excesiva diligencia de Irene le hace sentir a Juan presionado, atado, pero Irene no puede alejarse ni un poquito, pues esa pequeña distancia le hace temer que Juan pueda borrarla de su vida y olvidarla.

Recuerdo un incidente que ilustra con claridad el tipo de relación que existía entre Irene y Juan: Irene comentaba con insistencia que estaba aburrida de los fines de semana siempre idénticos junto a Juan. Lo habían hablado pero la actitud de Juan era de *lentejas, o lo tomas o lo dejas* y nada había cambiado. En la consulta veíamos la absoluta incapacidad de Irene para realizar cualquier gesto de autonomía como, por ejemplo, salir a dar una vuelta con una amiga un domingo por la tarde, en lugar de clavarse tantas horas frente al televisor. Lo cierto es que «corrían tiempos difíciles para la lírica» de la pareja. Por esas fechas, una compañera de Irene se casaba y las amigas habían organizado una despedida de soltera que consistía en un fin de semana fuera de Madrid. Irene no sabía qué hacer. Juan prefería que no fuera.

—¿Y usted qué quiere? —le pregunté.

—¿Yo? No sé, yo tengo ganas de ir… pero no me atrevo.

Esa palabra me llamó la atención. ¿No se atreve? Uno no se «atreve» a hacer algo peligroso, o algo que está prohibido, pero ¿un fin de semana a unos cuantos kilómetros de su casa con unas amigas? ¿Era tan arriesgado? ¿En qué consistía la osadía?

—¿A qué le tiene tanto miedo? —pregunté.

Se quedó unos minutos en silencio, pensando, empezó a llorar y finalmente dijo:

—A pasármelo bien. Tengo miedo a pasármelo bien y a poder prescindir de Juan y a que Juan pueda prescindir de mí. Tengo miedo a darme cuenta de que estoy mejor sin él que con él.

El caso es que Juan tampoco estaba feliz con esa situación. Paradójicamente, mientras más eficiente era ella en cumplir con la entrega absoluta que Juan parecía pedirle, a Juan, esa Irene, atenta y diligente le resultaba cada vez más sosa, más cargante y menos atractiva. Ella, por su parte, aunque no se sentía capaz de hacer ninguna otra cosa, tampoco se sentía atractiva para sí misma. No se gustaba. A Irene se le había perdido Irene y no tenía idea de dónde podía ir a buscarla. Ya no recordaba dónde se había dejado olvidada la última vez que se vio. Por si fuera poco, con el correr del tratamiento descubrió que hacer feliz a Juan, no aseguraba su propia felicidad, y que encima, a pesar de tanto sacrificio, su actitud distaba mucho de hacer feliz a Juan.

La relación no se sostuvo. Un buen día, con muchísima pena y deseándole todo lo mejor, Juan la dejó por otra chica. Cuando se separaron, Irene pasó mucho tiempo muriendo en el vacío, hueca, sin rumbo, sin sentido de orientación, sin ningún sentido. Ella estaba dispuesta, como arcilla, a tomar forma junto a Juan, sin él, se quedaba amorfa, desvitalizada.

Tras largos y dolorosos meses de duelo, empezó a recuperarse, regresó a sus amigas, retomó los estudios, se volvió a dejar crecer el pelo, volvió al cine y a sus vaqueros ajustados y alguna vez, muchos meses después de la ruptura, me dijo en una sesión:

> Lo echo de menos a él, ya sé que es absurdo, pero todavía lo echo de menos. Pero lo mejor de todo esto es que ya no me echo de menos a mí misma.

Esta frase de Irene, que parece retórica, un mero juego de palabras, fue todo un logro para ella. Después de haber estado tanto tiempo perdida, iba por buen camino. ¡Se había recuperado y ahora contaba consigo misma! Que al final es lo único con lo que todos contamos a ciencia cierta.

Un pecado con muchas adeptas

¿Por qué será la sumisión un pecado con tantas adeptas? Para comprender cómo funciona esta propensión al sacrificio, tenemos que regresar sobre nuestros pasos y recordar, primero, aquello de la maternidad. Evolutivamente la mujer tiene que estar preparada para olvidarse de sí misma y de sus aficiones, para poder ocuparse de ese pequeño tirano que es el bebé. Entonces, ¿por qué no puede practicar su habilidad? ¿En qué circunstancias es deseable sacrificarse y en qué circunstancias no? Una clave: si el bebé tiene bigote, ya es pecado.

Pensemos también en la dialéctica del amo y del esclavo, o en el cuento de la pila y el juguete. Es innegable la ventaja que supone para la pequeña pila sentir que ella es la única capaz de dar vida a ese juguete, pensemos en ese dios que cada Irene crea para su consumo personal, en ese ¡pobre Juan! que hace de su sierva su dueña.

Cuando escucho a algunas de estas mujeres extremadamente diligentes, sacrificadas, que están siempre dispuestas a socorrer al de al lado aunque no se lo pidan, que no se conforman con hacer bien su trabajo sino que suelen «hacer los deberes» del otro, etcétera, suelo imaginarlas con una capita atada al cuello que las identifica como «Súper Irene» o «Súper Marta» o «Súper Josefina». Una capita imperceptible, pero muy eficaz, que las eleva ante sí mismas y las convierte en «Súper heroína», «Súper mujer», «Súper amiga»... Debajo de la debilidad se esconde la fantasía de fortaleza, debajo de la entrega, el deseo de poder... Una fortaleza triste, un poder caducado, un pésimo negocio, un mal pecado.

Si el pecado de sumisión consiste en el deseo de ser una «Súper alguien», la penitencia es desdibujarse y perderse a sí misma y el único camino de vuelta es reencontrarse.

El desdibujamiento progresivo y gradual de los propios límites debería funcionar como una voz de alarma. La sumisión no es una virtud, sino un pecado. Algunos signos, a manera de pitido, pueden ayudar a reconocer el peligro: la malquerida debería preguntarse, por ejemplo, ¿desde cuándo no hace aquello que solía gustarle hacer antes de conocer a su Juan? Seguro que recuerda las tres últimas ocasiones en las que dejó de hacer algo para complacerle. ¿Recuerda las tres últimas veces en las que él dejó de hacer algo que le gustara para complacerla a ella? ¿Alguna vez es capaz de hacer planes por su cuenta, con sus amigas o con sus compañeros de trabajo? ¿Se «atrevería» a hacer algo inofensivo con lo que su Juan no estuviera de acuerdo?

De nuevo, y a riesgo de parecer tozuda, insisto: no tenemos otra cosa que lo que somos. Poco o mucho, sea lo que sea, eso es lo único con lo que de verdad contamos. Bien es verdad que ese «conócete a ti mismo» es una labor que puede llevar años. Irene se había perdido a sí misma de tal forma que para ella fue toda una aventura reencontrarse. Ahora, una vez que sabe quién es, conservarse a sí misma, es su siguiente labor.

8

La intermitencia

Ahora sí, ahora no

Parece que yo siempre voy a estar ahí, que no importa lo que él haga. Nada será suficientemente doloroso como para hacerme dejarle. Porque cada vez que le dejo, regreso. Nunca voy a apartarme de su lado. Y si me aparto, volveré.

Así describía Sara su relación con Javier. Era una relación tempestuosa, terrible. Nadie podía explicarse qué hacía una chica como ella, junto a un señor como aquél. Las broncas sin motivo justificado se sucedían y Sara tenía el privilegio de ser elegida por Javier como la única responsable. Ella tenía que disculparse y arrepentirse de lo que hacía y de lo que Javier le había hecho. Sara tenía una lógica desconcertante para explicarlo:

> Así como muchas parejas se dividen las tareas de casa y ella plancha y él hace la compra, nosotros nos dividimos las tareas de la pareja, y en esa división a mí siempre me toca pedir perdón.

Sara y Javier se llevaban francamente mal. Javier no perdía ocasión para enfadarse, ni para desaparecer. Y ella tenía un carácter lo suficientemente fuerte como para no soportar cualquier cosa. A veces, Sara se sentía como un valor sometido a los vaivenes de la bolsa; sus cotizaciones subían o bajaban ante Javier arbitrariamente y sin explicación. Sorprendía que esa Sara, que en otras circunstancias era una mujer decidida, exigente, casi malcriada, esa misma que era capaz de reivindicar sus derechos y montarle a Javier unas broncas monumentales, se transformara en una niñita asustada cuando dejaba de ver a Javier durante unos días. Cuando él se apartaba de su lado, ella sólo quería que volviera, a cualquier precio, se olvidaba de la bronca y pedía perdón aun sin saber muy bien por qué.

Javier había desaparecido muchas veces, sin avisar. Otras veces lo había dejado ella definitivamente porque no estaba dispuesta a tolerar ciertas cosas. Daba igual la razón que tuviera el uno para marcharse o la otra para enfadarse, más tarde o más temprano Sara llamaba, él respondía y por el camino agitado y luminoso de la reconciliación, ambos regresaban a compartir su trocito de infierno junto al otro.

A la mañana siguiente de una de sus múltiples reconciliaciones, Sara me contó:

Creo que nunca había echado un polvo como ése. Valió la pena todo. La ruptura, esos dos meses horribles en los que creía que me iba a morir, la humillación de haber sido yo quien llamara después de haber jurado que no quería saber nada de él. Todo lo que me ha hecho sufrir se me olvidó cuando lo vi. Estoy en una nube. Esto es lo más maravilloso que me ha pasado. Yo soy de las que prefiere la pasión a la costumbre. Javier me hace sufrir, pero es que los otros me hacían morir de aburrimiento. A partir de ahora cualquier cosa que pase entre nosotros no me importa, está justificada. Después de la noche que pasamos juntos, me puedo morir mañana, que ya he vivido el mejor momento de mi vida.

Ningún argumento racional puede enfrentarse a la contundencia de una reconciliación apasionada. La excitación desbordada del reencuentro barre todos los buenos propósitos y sobre todo barre la memoria. Si Sara se hubiera muerto a la mañana siguiente con ese cuerpo contento, y esa sonrisa fresca que llenaba su cara, no habría tenido que pasar por los tormentos que la esperaban dos semanas después. A pesar de que era la fotocopia exacta de tantas ocasiones anteriores, ella no era capaz ni de recordar ni de prever el desenlace. Prefería estar dispuesta a morir de amor al mejor estilo Julieta, que reconocer que en realidad llevaba el camino triste de ser una Ofelia desdeñada.

Pero algo habría en esa relación que les compensara. La pasión del reencuentro, la excitación que produce la incertidumbre, el miedo a perderlo todo y el triunfo de poseerlo todo, son los alimentos que mantienen viva una relación que no puede pasar la prueba de la costumbre. El pecado de la intermitencia goza y sufre los rigores de un parque de atracciones emocional: un día, la cueva del miedo llena de fantasmas aterradores; al día siguiente, el castillo encantado del mundo de la fantasía, en el que todo se ve color de rosa; poco después el jardín de los horrores con sus torturas y sus bestias salvajes; y siempre, siempre, la montaña rusa con sus subidones y sus declives, con su vértigo y su emoción ¡y todo eso por un solo ticket y con la misma persona!

Las amigas de Sara, que preferían tierra firme, veían con mucha claridad que esa relación estaba enferma y que estaba enfermando a Sara. Les resultaba difícil entender sus reconciliaciones. «Si lo habéis dejado —le decían—, ¿por qué no aprovechas el tirón y terminas de una vez para siempre? ¿Por qué intentarlo por décima vez, si es evidente que no va a funcionar?».

Daba igual que todas las veces anteriores hubiera salido mal, Sara sabía con certeza, cada vez, que ésta sí serían felices. Además, en cuanto alguno de los dos pronunciaba las palabras mágicas: «Yo te quiero», la teoría de que la relación tendría el éxito asegurado quedaba científicamente demostrada.

Durante el tratamiento de Sara, entendimos, entre otras cosas, la razón de su disposición incondicional a apuntarse culpas y errores. Si Sara era la culpable de la bronca, ella tendría en su mano la «obligación moral» de regresar y de ser ella la primera en llamar. Era una buena manera de acortar la espera. Si ella era la responsable de los males de la relación, entonces también estaría en su mano la posibilidad de curarla. Ella, con un poco más de voluntad, con otro poco de paciencia y mucha fe; ella, poniendo un poco más de su parte, mejorando su carácter, podía conseguir que las cosas funcionaran. Era una gran responsabilidad, pero ella estaba al mando.

Lo más difícil para Sara fue reconocer la autonomía de Javier, sus limitaciones e imposibilidades y el hecho de que nada, o casi nada, tuvieran que ver esas limitaciones con ella. En los límites de Javier, Sara se topaba con sus propios límites, con unas fronteras infranqueables que no podía pasar por alto. Era como si algo en la actitud de Javier le dijera: «Hagas lo que hagas, hasta aquí hemos llegado». «Con la iglesia hemos topado, Sancho». Y cuando alguien topa con la iglesia del otro, ha topado con su propia iglesia, porque la iglesia de cada quien es la iglesia del otro. Allí donde el otro no puede dar más de sí, cualquier intento externo es inútil.

Con muchísima pena, con horror, Sara descubrió que, por mucho que perdonara, por mucho que estuviera dispuesta a darlo todo, o incluso más que todo, había algo que no dependía de ella, ni de su buena voluntad, ni siquiera de su inmenso amor por él. Javier era Javier. Javier tenía su propia historia, sus propios códigos para manejarse en el mundo. Esa manera de querer, esa manera de reaccionar y no otra, eso era Javier. Y ella no podía hacer nada al respecto. No es que Javier no la quisiera, es que ésta era su forma de querer.

Pedir peras al olmo

El viejo refrán que dice: *No se pueden pedir peras al olmo*, Sara lo había convertido en algo así como «Ya sé que es mejor no pedir peras al olmo… pero ¿y si yo…?». Así, transformaba la miseria de la impotencia humana en una vaga promesa llena de posibilidades. El problema es que *el olmo no es el responsable de que le pidan peras*.

Durante su tratamiento, Sara comprendió que le estaba pidiendo peras a un olmo y descubrió también que eso es un mal negocio. Lo único que se asegura es la insatisfacción y una queja que de ningún modo puede obtener arreglo: «¡Hay que ver, este olmo tan desconsiderado que no me quiere dar peras, a pesar de que llevo años pidiéndole peras con muchísimo amor!». O la promesa estéril: «¡Como me llamo Sara que este olmo va a dar peras. No será hoy, no será mañana, pero yo puedo conseguirlo!».

Sara comprendió que podía recurrir a sus amigas buscando consejos, leer un libro que le enseñara el camino de la felicidad, o continuar con la terapia, pero todas estas alternativas tenían algo en común: sólo podrían servirle a ella. Javier seguiría siendo Javier y Sara sólo podía decidir si aquella relación le compensaba o no le compensaba.

En ésas estaba Sara cuando volvieron a romper y por primera vez decidió no hacer nada. No iba a llamar, ni a provocar un encuentro, ni a mandar un mensaje. Tenía curiosidad por saber qué pasaba si ella no movía pieza. Si Javier la llamaba, le respondería, pero esta vez ella no daría el primer paso. Sólo iba a esperar, y así fue: esperó. Y esperó y esperó y esperó… Javier se evaporó, se desvaneció como si hubiera sido un espejismo. Sara no volvió a saber nada de él…

Hasta que cayó en la cuenta de que ese silencio era lo único que le quedaba de Javier, atravesó una época muy dolorosa, la más dolorosa de todas las épocas. Sufrió lo indecible. Entendió, desde ese sufrimiento, por qué todas las otras veces ella había dado el paso de llamar y volver. Entendió que su miedo a que él no regresara, estaba plenamente justificado. La desaparición de Javier la llevó a releer la relación desde otro ángulo y a preguntarse por muchas situaciones que antes no se hubiera atrevido ni siquiera a nombrar. Fue difícil descubrir que había estado sumida en una mentira costosísima. Le parecía imposible que algún día pudiera dejar de llorar.

Dejó de llorar. Le llevó su tiempo, pero dejó de llorar, y se recuperó. La última vez que la vi todavía estaba sola aunque no paraba de salir con unos y con otros. Todavía estaba asustada, tenía miedo a equivocarse otra vez. La vida le daba otras oportunidades y en esta ocasión quería tomarse su tiempo para elegir. Tenía muy claro que ella quería «peras» y no se iba a conformar con cualquier «olmo», por mucha sombra y mucho alivio que el «olmo» le diera a su miedo y a su soledad.

La montaña rusa

Mantener con vida el éxtasis del enamoramiento con el método de dejarlo y volver, a costa de cometer el pecado de la intermitencia, no es fácil y requiere pagar un elevado peaje. A cambio de estrenar, cada tanto, un amor con la misma persona, es necesario estar dispuesto a sufrir en la misma medida. La angustia de la incertidumbre *¿cuánto tiempo va a durar el idilio esta vez?* La repetición inexorable de las rupturas. La agonía obstinada de la espera, los abismos, «Si no me llama hoy voy a morirme». La amenaza continua de la ruptura definitiva: «¿Y si es verdad que esta vez me deja para siempre?». Éstas son frases propias del sufrimiento, las otras, las del reencuentro y la reconciliación («el mejor polvo de mi vida», «esta vez sí saldrá bien», «vale la pena luchar por este amor apasionado») son las que hacen pensar que el sufrimiento vale la pena y está justificado.

    La única manera de no sufrir los rigores de las bajadas consiste en renunciar a la emoción de las subidas y apearse de la montaña rusa. Una relación que *necesariamente tiene* que terminar, una relación que *necesariamente tiene* que reanudarse, es una relación que está enferma. Es una relación que está en la unidad de cuidados intensivos. Es probable que sólo se sostenga gracias al calvario de las rupturas, y a la emoción de los reencuentros. Una relación sometida a sucesivas rupturas y reconciliaciones no es una relación: es un pecado. Un pecado cuyo placer consiste en mantener viva la emoción de «un nuevo amor, una nueva ilusión», pero siempre con la misma persona y a costa de un sufrimiento asegurado, exagerado.

9

La adicción

En ocasiones el amor tiraniza e intoxica como una droga, crea dependencia y provoca síndrome de abstinencia con todos sus derivados: angustia, insomnio, pérdida de apetito, náuseas, opresión en el pecho ¡y una tristeza horrible cuando no se tiene cerca al objeto adictivo! Son los casos en los que la relación con el otro se transforma en una adicción.

Por supuesto que esta idea del amor como adicción no es nueva. El síndrome de adicción al amor cuenta con una extensa bibliografía a sus espaldas y con estudiosos de todos los ámbitos dispuestos a describirlo, a explicarlo, a comprenderlo. Neurólogos, psiquiatras, psicólogos, sociólogos, cada quien desde su propio vértice tiene algo que contar, o que añadir. Yo aportaré algo de mi experiencia clínica, comentaré un caso en el que pueden verse con claridad los efectos del pecado de adicción.

Andrea y Marcos

Andrea tenía cuarenta y pocos años cuando vino a mi consulta buscando ayuda. Se notaba demacrada. Su ropa cara, de marca, parecía prestada. Le sobraba por todas partes, delatando una delgadez reciente, inesperada. Era la primera vez que visitaba a un profesional y estaba nerviosa. Relató sus síntomas: estaba angustiada, inquieta, se sentía incapaz de concentrarse en el trabajo, con un insomnio que llevaba semanas perturbando la normalidad de su vida cotidiana. En su relato intercalaba frases como:

«No sé qué me pasa», «Yo estoy bien con Pablo, mi marido», «No lo entiendo», «Mi marido y mis hijos son mi vida», «Mi trabajo me gusta», «Tengo unos hijos preciosos», «Yo quiero mucho a mi marido». Me llamó la atención que, en sus pocas frases, había insistido sospechosamente en lo mucho que quería a su marido y pregunté:

—Cuénteme un poco de su relación con su marido.

Se echó a llorar.

Llevan diez años casados, no tienen una relación muy apasionada, pero se quieren mucho y se llevan bien. Tienen dos hijos de siete y cinco años. Ambos comparten profesión, lo que les permite apoyarse en el día a día de su vida laboral. Eso fue todo cuanto pudo decir de Pablo y de su relación con él. Inmediatamente pasó a contarme lo que en verdad la había llevado a la consulta y la estaba haciendo sufrir.

Hacía seis meses Andrea recibió un *e-mail* que no esperaba. Marcos, aquel hombre que había partido su vida en dos mitades, había averiguado su correo electrónico y le había escrito un mensaje inofensivo. Hacía doce años que no sabía nada de él. Habían tenido una relación muy tormentosa y en una de las rupturas Andrea conoció a Pablo. Durante un tiempo estuvo indecisa entre los dos, hasta que la incapacidad de Marcos para dar la cara quedó otra vez patente y Andrea eligió. Se casó con Pablo y no volvió a saber de Marcos hasta ese *mail* que él envió. Su vida había cambiado tanto en este tiempo, y ella estaba tan bien, que pensó que verle no tendría ningún efecto sobre ella. Quedaron a tomar un café.

Marcos la buscó porque necesitaba decirle que ella era la mujer de su vida. Que siempre se había arrepentido de haberla dejado escapar. Que durante estos doce años había pensado en ella cada día y que no se perdonaba a sí mismo el haberla perdido, ése había sido el peor error de su vida y esta vez estaba dispuesto a cualquier cosa con tal de recuperarla. Andrea lo escuchó y se sintió muy halagada con sus palabras, pero tuvo miedo de volver a la misma situación de antes, a creer en las mismas promesas que el viento se lleva. Tuvo miedo, sí, pero su miedo llegó tarde, llegó cuando ya le había creído.

Me explica con estas palabras cómo es que siente lo mismo de hace doce años:

> Le iba a decir que tengo miedo de volver a caer, pero es que ya he caído. No, peor que eso, es que sigo exactamente igual. Quiero que me entienda, no es que recuerde con mucha claridad lo que pasó hace años y por eso sé cómo me sentía. No, es que han pasado doce años y hoy siento exactamente lo mismo que sentía entonces. No necesito hacer memoria, lo estoy viviendo. Tengo miedo. Me llama, y me escribe mensajes y estoy pendiente del correo y

del móvil como si fueran mi bombona de oxígeno y cuando no me llama me pongo enferma. Igual que siempre. No ha pasado ni un día.

Desde el primer café, Andrea vive atada al teléfono móvil. Lo mira fijamente a los ojos, lo pone cabeza abajo y lo zarandea para que escupa ese mensaje de Marcos que el aparatito tiene escondido en algún rincón de su memoria... El mensaje llega. (Según Andrea, la literatura universal se está perdiendo millones de cartas de amor «¿¡de una belleza sublime!?»). No lo sé, lo cierto es que ella espera el *riiinggg* de los mensajes de Marcos con la misma zozobra con la que cualquier enamorada del siglo XIX esperaba al cartero y además está convencida de que transcurre la misma eternidad que transcurría en el siglo XIX entre el *sms* que ella envía y el que recibe.

La clandestinidad

Poco a poco me reveló los pormenores de su relación con Marcos. Cuando se conocieron él estaba casado y tenía dos hijas y ella estaba soltera. Sus encuentros eran espléndidos, esporádicos y apasionados, aunque no sólo el sexo les unía. Existía entre ellos una confianza que les permitía contarse todo, apoyarse mutuamente y, sobre todo, reírse. Se lo pasaban muy bien juntos, compartían sentido del humor y cada uno podía mostrarse con el otro tal cual era sin temor a sentirse juzgado o criticado. Nunca, ninguno de los dos había tenido una relación tan completa y tan satisfactoria como ésa. Parecía más que evidente que estaban hechos el uno para el otro.

Todo era sencillamente perfecto. Perfecto, hasta que sonaba la campanada del final del encuentro y tenían que regresar con un golpe seco a la realidad. «Cinco minutos más» mendigaba ella, pero Marcos no podía permitirse el delito de perder la noción de la hora. Una ducha tristísima para borrar los rastros del pecado. Un beso más, el último, un abrazo de despedida, el último, una próxima cita marcada en el calendario para sobrevivir. ¿Con qué gesto volverían a sus vidas, si todo lo importante transcurría en esa pequeña habitación impersonal con cama y con baño, sin flores ni fotos? Entre un encuentro y el siguiente, la respiración de Andrea quedaba sometida al efecto «pausa».

Pero esa situación era transitoria porque estaba escrito que ellos dos iban a estar juntos para siempre. Sólo hacía falta que Marcos encontrara el momento oportuno para dar el paso. Sus hijas eran todavía pequeñas, su mujer padecía de un trastorno de personalidad, no tenía muchas amigas y no era capaz de conservar un trabajo estable. ¡La pobre! No la podía dejar sola, en la calle, de un día para otro. Sólo necesitaba un poco más de tiempo.

Andrea sufrió, uno por uno, los tormentos indecibles de la espera. Llegó a dominar el vocabulario reiterado de la clandestinidad: «Ven, tiene que ser ya», «Ahora no puedo hablar», «A ella sólo me unen los niños y la costumbre», «Esta semana no te puedo ver», «Créeme, hace meses que dormimos en habitaciones separadas», «Hoy tengo que irme más temprano», «No me llames a esa hora», «Yo nunca te voy a fallar», «Ten paciencia», «Confía en lo nuestro», «Espérame», «Cree en mí», «¡Ayúdame!».

Ni qué decir que la relación estuvo sujeta a sucesivas rupturas y reconciliaciones. Andrea y Marcos también pecaban de intermitencia. Con cada ruptura Andrea se hundía en una maraña de desolación de la que no era capaz de escapar. Sus constantes vitales dejaban mucho que desear y el único hilo que la mantenía ligada a la vida era el telefónico. *Una palabra tuya bastará para sanarme*, pensaba Andrea mientras esperaba a que sonara el teléfono. *Una palabra tuya bastará para engañarme*, se decía a sí misma cuando volvía a creer en sus promesas.

Probablemente Marcos quería mucho a Andrea, pero la quería mal. Probablemente ni siquiera mentía cuando pedía perdón y juraba amor eterno. Seguro que la echaba de menos y enfermaba cuando no la veía, pero enfermarse o curarse, echar de menos o hacer promesas, no lo comprometía a nada respecto a ella. Él no se sentía obligado a dar; al contrario, sólo se le veía dispuesto a pedir. Era Andrea quien tenía que hacerse cargo de lo que él necesitaba: tiempo, paciencia, comprensión…

Andrea pasaba por alto los hechos, sus propias necesidades, el trato confinado a las sombras que recibía. Sólo escuchaba las palabras de Marcos y, si Marcos decía «te echo de menos», todo estaba dicho. Andrea no tenía nada que objetar ni que añadir. Cualquier gesto de Marcos era suficiente para que ella proclamara un «sí, quiero» solemne, patético y unilateral que nadie le había pedido y con el que sólo ella quedaba comprometida: en la pobreza y en la riqueza. En la salud y en la enfermedad.

El caso es que después de doce años de silencio, cuando se encontraron para ese primer café, todo entre ellos seguía intacto. El deseo, la pasión, la camaradería. Nada había cambiado en la disposición adictiva de Andrea y en cuanto probó a Marcos quedó enganchada con la misma intensidad de entonces... Ella, con más años, con más hijos, con un marido al que quería de por medio... Él, con más años, con la misma mujer, las mismas hijas, la misma letanía de promesas que tantas veces había incumplido. En fin, él, con la misma etiqueta de «¡PELIGRO!» pegada a la frente.

«Lo tengo controlado»

Pero esta vez ella estaba a salvo. «Ha pasado tanto tiempo, que nada será como antes», «Ahora será diferente, porque yo tengo una vida, un marido y unos hijos que antes no tenía», «En estos años he madurado mucho y ya tengo superado lo de Marcos». Estas frases le sirvieron de coartada para engañarse y poder ver a Marcos. El problema es que Andrea responde al primer sorbo de Marcos como hacen los alcohólicos sobrios ante una sola gota de alcohol: se embriaga.

Y es que el mal amor es como el buen whisky: engaña. En cuanto el primer trago calma el síndrome de abstinencia y dejan de temblar las manos, cesa la sudoración y los escalofríos del mono abandonan el cuerpo, sobreviene la certeza inocente de que «esto» se puede dejar en cualquier momento. «Lo tengo controlado», «Un día de éstos, cualquier día de éstos, en cuanto me lo proponga, lo puedo dejar...». Y tantas otras promesas insostenibles...

Con esa convicción vivió Andrea los primeros meses del reencuentro. Y aquí estaba ahora, derrotada, consciente de sus propias limitaciones, sentada en mi consulta, como quien va a una clínica de desintoxicación para desengancharse de las anfetaminas. Podía haber empezado su entrevista conmigo proclamando: «Me llamo Andrea, y soy adicta a Marcos». Andrea venía a buscar ayuda para volver a ser la dueña de su vida.

Empezamos un tratamiento de dos sesiones semanales. Al principio, Andrea sólo hablaba de Marcos. Volvieron a verse, reanudaron la relación y aunque hablaban de separarse de sus respectivas parejas, lo cierto es que ninguno de los dos hacía ningún movimiento concreto para conseguirlo.

Lo dejaron una vez más y pude presenciar en directo el proceso de reconciliación. Los mensajes de Marcos seguían una trayectoria definida: después de alguna semana de silencio él envía un mensaje. Cualquiera. Es el mensaje exacto que Andrea está esperando para vivir. Ella responde. Un poco seca, pero responde. Entonces él la llama. Andrea deja sonar el teléfono, pero al final responde. Seca, pero responde. Marcos le cuenta lo mucho que la ha echado de menos. Andrea le cree. Seca, pero le cree. Después de «lo último que le hizo pasar», ella tenía claro, clarísimo, que nunca más le iba a volver a ver. Pero él insiste y ella, seca, muy seca, «se resiste». Con pocas palabras Marcos la convence de que sólo van a encontrarse una vez más para hablar de lo que ha pasado y Andrea piensa acudir a la cita porque está indignada y tiene muchas cosas que reclamarle y muchos puntos que poner sobre las íes. Enfadada, sin fe, distante y seca, muy seca, Andrea acude a la cita. En cuanto huele a Marcos se humedece, lo ama y está dispuesta a creer cualquier promesa… El juego entre ellos se reanuda en la casilla que dice *Volvamos a intentarlo*.

Mientras Andrea se enganchaba y se desenganchaba de Marcos, como era de esperar, la relación con Pablo, su marido, iba cada vez peor. Sin saber qué pasaba, Pablo notaba a Andrea ausente, ida, como en su mundo. Hablaron del problema varias veces, pero la situación no mejoraba y Pablo no estaba interesado en mantener una relación así. Propuso separarse. Andrea lo pasó muy mal en esa época. La presencia de Pablo en su vida era una constante que ella daba por sentada y la idea de verse lejos de él le horrorizó. En ese momento supo cuánto lo quería.

El tratamiento avanzaba y poco a poco empezó a emerger otra Andrea en la consulta, una mujer que tenía una vida más allá de Marcos y de Pablo: apareció la madre de Juan y de Tomás, la profesional sagaz, la amiga, la hermana menor de una familia de cuatro hermanas, la niña que rivalizaba con sus hermanas mayores y con su madre por la atención del único hombre de la casa: papá. Apareció una mujer que disfrutaba con la cocina y preparaba auténticos manjares para su familia y sus amigos, y una amante del cine. El caso es que mientras había más cantidad de Andrea ocupando el escenario, quedaba menos espacio disponible para adorar a Marcos y empezó a verlo con cierta distancia, casi, casi, como a un hombre normal. Marcos había dejado de ser dios. Por otra parte, la actitud distante de Pablo hizo que Andrea lo viera de otra manera. Empezó a valorar su presencia y a disfrutar de lo que él sí le daba.

Puedo asegurar que durante el tratamiento yo no tomé partido por ninguno de los dos, ¿cómo iba a hacerlo? ¿Quién podría saber qué era lo mejor para Andrea? Mi objetivo no era mostrarle cuál era el hombre que más le convenía, cuál le ofrecía más prestaciones como si de un coche o de una lavadora se tratara. Tampoco me correspondía adoptar una postura moral del estilo: «El adulterio está muy feo». Lo importante era entender qué le pasaba a Andrea, ¿dónde estaba ella en todo este enredo? Mi única función era ayudarla a crecer, de manera que pudiera decidir y elegir libremente lo que ella quisiera, y todo esto desde su vida de mujer adulta y no desde la niña que permanentemente estaba impelida a competir con otras hermanitas por el trofeo de un papá que siempre estaba con alguna otra (como Marcos, que también la postergaba por «otras», su mujer, sus dos hijas…). Andrea, que era la menor de cuatro hermanas y que siempre se había sentido perdida en medio del harem de chicas que rodeaba a su padre, había conseguido dar la vuelta a la tortilla de su situación infantil y ahora, en vez de ser «una niña más», era la única mujer en medio de este harem compuesto por un montón de hombres que la reclamaban: Pablo, Marcos, sus hijos Juan y Tomás, su jefe…

La terapia había tenido distintos efectos en Andrea. La relación con Marcos terminó. Ella reconoció sus propios límites y decidió no volver a verle. Su carrera empezaba a tener un ritmo de ascenso progresivo y ahora tenía más trabajo. La relación con sus hijos, que cada vez exigían más de ella, era mucho mejor. A la vez, intentaba remontar la crisis que atravesaba su relación con Pablo, aunque ese aspecto de su vida no estaba del todo definido. ¿Alguna vez lo estaría?

Andrea no vino a mi consulta para elegir entre dos hombres, sino para hacerse dueña de sí misma. Quería llevar las riendas de su vida y elegir el rumbo que iba a seguir, con tanta libertad como su condición de ser humano se lo permitiera. Andrea recuperó su propio mando. La autonomía que rescató no sólo le sirvió en el terreno afectivo respecto a Marcos, sino que también la hizo más independiente y más segura de sí misma en la arena laboral, lo que no tardó en dar sus frutos.

Cuando una mujer se aferra inexplicablemente a una relación que la hace infeliz, que no la satisface o que no tiene ningún futuro, cabe pensar en un pecado de adicción. Ella ha perdido el control y se ve controlada por una necesidad que la supera y ante la cual no tiene voluntad. El pecado consiste en apostar una y otra vez, como los jugadores, con la certeza ciega de que «esta vez voy a ganar», «con un poco más de paciencia», «si lo intento». Se apuesta por una promesa, y no por una realidad. Las promesas suelen tener formas muy parecidas: «Esta vez todo va a cambiar», «estaremos juntos», «no volveré a ser infiel», «no volveré a tratarte mal». La penitencia que este pecado trae consigo es la humillación y el sufrimiento; la incapacidad misma de gobernar la propia vida.

¡No al primer café!

Como en todas las adicciones, la salvación de este pecado empieza por reconocer la propia debilidad: «Soy adicta a mi Marcos y me siento incapaz de gobernarme a mí misma respecto a él». El siguiente paso es la abstinencia. Si los alcohólicos dicen: «No a la primera copa», las mujeres adictas a un mal amor tendrían que decir: «No al primer café». Ese primer café es el más peligroso.

Siempre hay coartadas, excusas para tomar esa primera copa o asistir a ese primer café; son trampas, atajos, que en cualquier adicción, conducen directamente a la dependencia y al dolor.

Después de la abstinencia, como siempre, el reencuentro de la mujer consigo misma, ser ella su propia dueña. Habrá que llenar el vacío que dejan el alcohol o el amor, las anfetaminas o los reencuentros, con emociones más leves, pero más seguras. El premio es tener las riendas, las llaves y el mando de su vida entre sus manos.

10

La impostura

Isabel

Cuando digo que los hombres nos malquieren, me refiero también a esos amores malentendidos, mal dirigidos, aquellos casos en los que parece que quieren mucho a una mujer estupenda que tienen en su cabeza, pero que poco o nada tiene que ver con esa mujer de carne y hueso que tienen delante.

Hace muchos años tuve una paciente a la que llamaremos Isabel. Estaba casada y trabajaba como intérprete en congresos médicos. Cuando llegó a mi consulta sufría una depresión posparto, acababa de tener a su primera hija pero se sentía incapaz de atenderla, tenía la certeza de que, hiciera lo que hiciera, se iba a equivocar. Estaba casada con Enrique, un hombre bastante mayor que ella, con quien se llevaba bien. Isabel se sentía querida y cuidada por su marido, aunque acusaba una cierta sensación de incomodidad que no podía identificar.

Decía que solía sentirse «en falta» junto a él. «No sé, me siento torpe, insegura, tengo miedo de hacer las cosas mal». Enrique, mayor y con más experiencia, se comportaba como un adorable Pigmalión que disfrutaba «educando» a Isabel. Por ejemplo, antes de salir con sus amigos, familiares o compromisos de trabajo, Enrique sometía a Isabel a una inspección implacable, aunque apenas perceptible, nada exagerado, nada desagradable: «Cariño, acuérdate de que para beber de la copa tienes que levantar el codo de la mesa». «¿Te vas a poner ese vestido...? No, si te queda muy bien, pero recuerda que ya no tienes quince años». «Cuidado con lo que dices esta noche, mira que éstos no tienen mucho sentido del humor y no van a entender tus bromas».

Con comentarios como éstos, Enrique iba modelando a Isabel a su gusto. Isabel decía que no le hacía mucho caso, pero no podía evitar una sensación básica de inadecuación, como un cierto temor a equivocarse, a meter la pata, a no ser capaz de dar la talla. Cuando nació la niña, esta situación se agudizó. No estaba claro si Enrique cuidaba a la niña o si vigilaba a Isabel. Supervisaba cada gesto que realizaba ésta con su hija, cómo la cogía en brazos, cómo le daba de mamar, cómo la cambiaba, cómo la dormía. Isabel recordaba indignada el día en que su marido la dejó sola con la niña por primera vez durante un fin de semana, y le dijo: «A ver, quiero ver cómo preparas el biberón para comprobar que lo haces bien...». Cuando Isabel protestó él le explicó: «Cariño, no te pongas así, reconoce que tú eres muy distraída y que yo suelo tener los pies sobre la tierra. Con otras cosas no me importa, pero la niña no puede sufrir tus despistes».

Cuantos más detalles me contaba Isabel, yo no me podía quitar de la cabeza que su depresión posparto había sido la explosión de una bomba de relojería que venía haciendo tictac desde hacía ya mucho tiempo.

Empezamos a indagar desde cuándo y, como no podía ser de otra manera, nos remontamos a su infancia. Isabel fue la única hija de una pareja ya mayor marcada por los avatares de la Guerra Civil. Cuando nació, la situación económica de la familia era precaria. Su padre era el portero de un edificio en una zona de abolengo en Madrid. Esta situación, que puede parecer anodina, generaba serias contradicciones en Isabel. Para empezar, siendo prácticamente una «niña pobre», creció rodeada de «niñas ricas» a las que admiraba y envidiaba, y con las que le era imposible competir. Con la intención de que esta diferencia no la marcara —y la ayuda y protección de una acaudalada señora mayor que vivía en el tercero—, los padres hicieron un esfuerzo importante para conseguir que Isabel estudiara en el mismo colegio bilingüe de sus amigas. Esta situación, destinada a borrar las diferencias, la mayor parte de las veces las acentuaba. Solía sentirse entre sus compañeras «de prestado», incómoda, inadecuada, torpe. La sensación que experimentaba en su vida cotidiana con Enrique le recordaba mucho a esa vivencia de la infancia.

El *fake*

En su vida actual de adulta, Isabel disfrutaba del ejercicio de su profesión y había llegado a dominarla de tal manera, que ya no le suponía ningún reto. Se manejaba perfectamente en tres idiomas y, si bien el inglés no era su lengua materna, el haber estudiado desde pequeña en un colegio bilingüe le permitía conocer el idioma como si fuera el propio. Durante sus sesiones, Isabel rara vez hacía referencia a su trabajo o al contenido de las traducciones que realizaba. Sin embargo, un día me dijo:

> Le quería comentar algo que seguramente le parecerá una tontería. Hoy he tenido un traspiés con una palabra. Fue un segundo y me parece que nadie lo notó, pero ya es la tercera vez que me pasa. Siempre es con la misma palabra. Es raro, ¿no? Se lo quería contar porque seguro que usted le encuentra alguna explicación. La palabra es *fake*. Es una palabra que conozco perfectamente. Dependiendo del contexto, puede significar «falso», «impostor», «fingir», «falsificar». El caso es que algo me debe estar pasando con la palabrita porque cada vez que aparece se me escapa.

Entre las dos rebuscamos en el cajón de su infancia y le encontramos una explicación a su lapsus. Efectivamente, *fake* era una palabra clave en la vida de Isabel. Una palabra que condensaba su historia, su drama. Ser y no ser, el simulacro permanente, la impostura como forma de estar en el mundo. El disfraz como primera piel. Y el temor constante a ser desenmascarada.

En esa sesión, Isabel recordó y entendió la fascinación que había sentido de pequeña por la Cenicienta y cayó en la cuenta de que, de mayor, sentía la misma atracción por personajes cinematográficos parecidos: *My Fair Lady*, *Armas de mujer* o *Pretty Woman*, modernas Cenicientas, mujeres disfrazadas, impostoras que se hicieron pasar por algo que no eran. En fin, sus heroínas preferidas eran las reinas del *fake*.

Mientras hablaba animadamente de *La Cenicienta* y «teorizaba» con soltura respecto a la importancia que tiene el personaje para algunas mujeres, algo cruzó por su mente que desvió su atención. Pasó unos minutos en silencio y empezó a llorar. Cuando retomó el hilo de sus pensamientos, me explicó que lloraba porque acababa de recordar un episodio de su infancia que había olvidado por completo y del que le costaba hablar, aun después de tantos años.

> Cuando era pequeña, a pesar de que me sentía siempre un poco incómoda, como fuera de lugar, si estábamos en el colegio podía pasar por ser una más porque todas llevábamos el mismo uniforme. Lo peor eran los fines de semana, cuando mis amigas estrenaban sus vestidos y yo llevaba los vestidos viejos que ellas habían desechado y que siempre me quedaban cortos o estaban desteñidos. El recuerdo es de un domingo. Lo revivo como si fuera hoy. Estábamos en misa, yo tendría unos ocho años y llevaba un vestido azul con adornos blancos —lo estoy viendo—. La antigua dueña del vestido me vio y chilló a su madre delante de todo el mundo que por qué me había regalado ese vestido, que a ella todavía le gustaba. Fue espantoso. Nunca me he sentido peor en mi vida. Me sentía tal cual como cuando a la Cenicienta las hermanastras le arrancan el vestido y ella no puede ir a la fiesta. Igual... pero sin hada madrina. Esa misma tarde

tuvo que ir mi madre a devolverle el vestido a la niña. Todavía recuerdo que enfermé, imagino que de rabia y de vergüenza, lo que sé es que esa semana no fui al colegio.

Una vida bilingüe

Isabel no sólo había estudiado en un colegio bilingüe, sino que había llevado siempre una vida bilingüe. Su profesión de traductora, no era una elección casual, se las había arreglado para poder vivir simultáneamente en dos mundos; el del inglés y el del español, el de los «ricos» y el de los «pobres», el de los «jóvenes despistados» y el de los «adultos responsables» padres de familia. Dominaba todos los códigos y pasaba de un registro a otro sin apenas notarlo. Había aprendido a compensar las diferencias en uno y otro bando. Parecía estar igualmente integrada en cada uno de los mundos que habitaba, a pesar de no pertenecer por completo a ninguno. Pagaba un precio alto: sentir que su vida era un puro artificio, un *fake*, que el más mínimo descuido podía ponerla en evidencia y que tenía que cuidar cada detalle porque el engaño podía quedar al descubierto en el momento más inesperado, y alguien, cualquier mañana, cualquier domingo en misa, podía delatarla y quitarle el disfraz.

Comprendimos que su sensación de inadecuación no había surgido con la maternidad, ni siquiera había empezado con Enrique. Bien es verdad que nuestra Isabel había encontrado en Enrique al hombre «perfecto», capaz de encarnar a ese personaje que ella necesitaba para representar una y otra vez su historia infantil con su cara y su cruz. En el pecado de soñar con ganar a todas las demás y ¡ser proclamada princesa!, llevaba la penitencia de sentirse siempre disfrazada, y vivir bajo el temor constante de que en cualquier momento sonaran las doce campanadas y alguien viniera a arrancarle el disfraz y a devolverla a sus cenizas.

El descubrimiento del *fake* dio mucho juego. El tratamiento de Isabel resultó sin duda exitoso y fue emocionante verla surgir de las cenizas de su papel de Cenicienta para enfundarse en sus propios zapatos, en los «trajes a medida» propios de una mujer inteligente e ingeniosa. Su marido estuvo muy desconcertado con los cambios, no entendía tanta desenvoltura y llegó a pensar que Isabel mantenía otra relación. Atravesaron una crisis de pareja importante que los llevó a plantearse la separación. Consiguieron remontar el bache. Enrique sigue intentando hacer de Pigmalión (ya se sabe, «está en su naturaleza»), pero Isabel ya no se presta al juego de probarse el zapatito y de adaptarse a ciegas a las sugerencias de su marido, ni a las de sus amigas, ni a las de su madre, ni a las de su jefa, ni a las mías.

El caso de Isabel es un extremo nítido de una mujer que no está segura de quién es, que duda de su propio valor y siente que tiene que hacer esfuerzos y disfrazarse para agradar, pero conozco otros casos menos dramáticos en los que el zapatito termina siendo igual de incómodo; recuerdo, por ejemplo, a Cristina, una amiga a la que no le cuesta nada ligar. Un día me contó que había encontrado a un hombre genial, un fotógrafo inteligente, interesante y un poco bohemio con el que estaba feliz. Se reían mucho juntos, era un estupendo interlocutor, la cama funcionaba muy bien y, en fin, que si no eran perfectos, al menos parecía que cada uno era más que suficiente para su cada otro. «¡Estoy segura de que esta vez las cosas van a funcionar!», me dijo.

Meses después, cuando volví a encontrarme con ella, me contó que lo habían dejado. No lo entendí, ¿por qué?, ¿si todo iba tan bien? Me explicó que su príncipe era fotógrafo a tiempo completo, que de pronto la miraba y le parecía que una de sus cejas estaba un poco más estrecha que la otra. Que súbitamente le confesaba que a él, ella, de cintura para arriba le gustaba mucho, pero que de cintura para abajo… Que a veces la miraba y le daba la impresión de que había ganado un poco de peso… además, el dedo medio de su mano derecha tenía una forma muy curiosa… y así sucesivamente. En fin, que Cristina, junto a su fotógrafo, no podía ser una mujer de carne y hueso, con sus días mejores y sus días peores, con sus luces y sus sombras. Se sentía continuamente observada a través de un teleobjetivo implacable que recogía todas sus imperfecciones. El novio fotógrafo no se conformaba con reflejar a través de su cámara la realidad de lo que veía, además, se dedicaba a jugar con ella al Photoshop y se pasaba el día haciéndole pequeños retoques: un poco más por aquí, un poco menos por allá, quitemos este lunar, iluminemos esta parte y oscurezcamos aquélla…

Nadie podría decir que ese fotógrafo no quería a Cristina, porque no era desamor, al contrario, la quería muchísimo y en esa medida deseaba lo que según él era lo mejor para ella ¡que fuera perfecta! El caso es que era un amor tan exigente, que vivir bajo la mirilla de un microscopio como ése a Cristina le resultaba humillante, y sobre todo agotador. Descubrió a tiempo que era imposible que un pie humano encajara en ese zapatito de cristal tan implacable y en vez de complacerlo y abonarse a una clínica de cirugía estética, tomó otra decisión: le dio a elegir entre el zapatito de cristal o el pie. Él eligió el zapatito y ella optó por su pie. Así que, con muchísima pena y una buena dosis de alivio, Cristina lo dejó. De su época con el fotógrafo le quedaron un recuerdo incómodo, un buen amigo y... ¡unas fotos preciosas!

Pero, siguiendo con Cenicienta, ¿a cuántas de nosotras, de pequeñas, no nos gustó el disfraz? ¿Quién no bailó un día, tambaleándose, en los zapatos altos de mamá? ¿Quién no jugó a maquillarse como ella y a envolverse en sus collares? ¿Quién no quiso ser la más lista, la más guapa o la más rica de la clase? ¿Quién no soñó con acostarse como Cenicienta y despertarse Princesa? Entonces jugábamos a ser otras, distintas, mayores, mejores... En fin, simplemente jugábamos, que es la manera más sana y más natural de fingir, de impostar, de soñar despiertas. Y ahora, ya mayores, mujeres hechas y derechas, ¿cuántas de nosotras no soñamos, todavía, con que alguien venga a descubrirnos y a revelar la verdadera maravilla que se oculta tras una apariencia ordinaria? Y a la vez, ¿quién no ha sentido alguna vez el temor de que suenen las doce campanadas y se rompa el hechizo?

El síndrome de Cenicienta

El personaje de Cenicienta y sus múltiples ramificaciones ejerce verdadera fascinación en mujeres de todas las edades, desde los tres a los setenta y ocho años. De hecho, Cenicienta es el más extendido de los cuentos de hadas tradicionales. Bruno Bettelheim, psicoanalista vienés afincado en Estados Unidos, dedicó parte de su obra al estudio de los cuentos de hadas y, según su opinión, la importancia del cuento estriba en que toca un tema que atañe por igual a niños y niñas: la rivalidad entre los hermanos.

Desde mi punto de vista, *La Cenicienta* es la puesta en escena de un aspecto estructural de la evolución de todas las mujeres. *La Cenicienta* nos representa en esa edad imposible que transcurre entre la infancia y la primera adolescencia. La niña, que hasta ayer estuvo a cargo de una madre maravillosa a la que admiraba y adoraba, hoy tiene que convivir con una «madrastra» insoportable que no la comprende y con la que además rivaliza. Por si fuera poco, como sucede en el cuento, también esta chica ha perdido a su padre. Ese hombre apuesto y divertido que la sentaba en sus piernas, que la abrazaba, le daba besos y le hacía cosquillas en la cama antes de irse a dormir, ha desaparecido. En su lugar hay un extraño, un señor distante, serio, un poco ausente, que se ha visto obligado a retirarse porque su hija empieza a crecer y él tiene que respetarla. Y la niña allí, sola, perdida, ya no quiere jugar con la Barbie, pero todavía no es una Barbie... Se debate entre añorar ese pasado en el que ella era la reina consentida entre mamá y papá, o soñar con el futuro, todavía tan lejano y tan incierto. Cualquier cosa menos este presente triste y gris. En la vida, como en el cuento, más tarde o más temprano la niña abandona su rincón, se sacude las cenizas, se hace mayor y, con suerte, encuentra a un hombre que, aunque no recuerde mucho a un príncipe, comparte la vida con ella lo mejor que puede.

Sin perder de vista esa dimensión estructural, nosotros miraremos el cuento desde la perspectiva de una mujer que, de todo el recorrido de la historia, ha elegido el «momento Cenicienta» para quedarse paralizada, fijada en esa etapa. Una mujer que piensa: «Nunca podré dejar de ser Cenicienta por mí misma, un príncipe tendrá que rescatarme, y para conquistarlo, me veré obligada a hacer muchos esfuerzos y a disfrazarme». Una mujer que se siente insuficiente, piensa que para ingresar en el mundo de los adultos, en el mundo de las que pueden ser elegidas por un príncipe, tiene que ocultar lo que es. Así, vive bajo la amenaza constante de ser descubierta en el disfraz. Tiene que demostrar a toda costa que merece ser reina y que es capaz de cualquier cosa, incluso de mutilarse, con tal de encajar en las medidas exactas de algún zapatito de cristal.

Independientemente de sus logros personales y/o profesionales, la Mujer-Cenicienta se siente como una becaria que está perennemente en periodo de prueba. Como si no pudiera aprobar oposiciones y ocupar un lugar firme en su vida. La Mujer-Cenicienta es la eterna interina que necesita constante aprobación. Siempre está alerta, se siente obligada a «hacer buena letra», suele mostrarse hiperresponsable, diligente, amable, generosa y sacrificada. Tanto es así, que no es suficiente con que el Príncipe la haya elegido entre todas las asistentes al baile de la vida para que ella esté convencida de que se lo merece, el Príncipe y su Cenicienta pueden llevar años de casados, pero la Mujer-Cenicienta siempre sentirá que ella tiene algo que ocultar y algo que demostrar.

Probarse el zapato una y otra vez, a ver si le vale o no le vale, es una manera de colocarse «en los zapatos» de la

Cenicienta, en su papel, y es terrible, no digo yo que no, pero hay otra versión de la Cenicienta que me parece todavía más inexplicable, más absurda. Se trata del papel que desempeñan las hermanastras en el cuento.

Las hermanastras

Según la versión del cuento de los hermanos Grimm, las hermanastras no se conformaron con arrugar un poco los deditos de los pies para hacerlos encajar en el zapato, y tampoco desistieron del intento con el primer fracaso. Estaban dispuestas a todo con tal de conseguir su objetivo. Les transcribo literalmente un fragmento del cuento:

> La mayor entró con el zapato en su cuarto para probárselo, su madre estaba a su lado, pero no se lo podía meter porque sus dedos eran demasiado largos y el zapato muy pequeño; al verlo, su madre le dijo alargándole un cuchillo: «Córtate los dedos pues cuando seas reina no irás nunca a pie». La joven se cortó los dedos.
> (…)
> Entró la segunda hermana en su cuarto con el zapato y se lo metió bien por delante pero el talón era demasiado grueso; entonces su madre le alargó un cuchillo y le dijo: «Córtate un pedazo del talón, pues cuando seas reina, no irás nunca a pie». La joven se cortó un pedazo de talón.

La madrastra de Cenicienta se comporta como una verdadera madrastra con sus propias hijas y les da unos consejos desastrosos. Según ella, llegar a «ser reina» justifica cualquier renuncia o sacrificio. Su argumento viene a decir algo así como: «Lo que hace falta es conseguir a un hombre a cualquier precio. Total, si tienes a un hombre junto a ti, nunca más tendrás que caminar por ti misma».

Es fácil comprender que alguien quiera ocultar sus defectos y disimular sus imperfecciones para seducir a otra persona. Pero ¿qué pasa cuando una mujer se siente obligada a disimular sus virtudes y a esconder sus logros para sentirse aceptada por un hombre? ¿Qué pasa cuando una mujer se mutila una parte importante de sí misma con tal de conseguir a un hombre?

Increíble pero cierto. Si echamos un vistazo a nuestro alrededor, y nos fijamos con atención, va a resultar que conocemos a unas cuantas mujeres que no han dudado en amputarse a sí mismas el talón o los dedos con tal de encajar en algún estrecho zapatito de cristal.

Ingrid

Ingrid, estudiante brillante de arquitectura con una carrera prometedora, está enamorada de Eduardo, camarero. Ingrid pasa noches en blanco porque tiene que entregar proyectos, pero si al día siguiente Eduardo quiere salir, ella sale. No viven juntos, pero cuando Ingrid se queda en casa de Eduardo, en vez de estudiar para sus exámenes, aprovecha para plancharle las camisas y demostrarle que a ella no se le caen los anillos por cuidar bien de él, porque su amor es mucho más importante para ella que su carrera. En realidad Eduardo es mucho más importante para ella que cualquiera de sus actividades.

A Eduardo le gusta la noche y si él quiere trasnochar hay que trasnochar, aunque Ingrid tenga que madrugar al día siguiente. Ingrid no sería capaz de quejarse ni de protestar porque no quiere parecer aburrida. Ya dormirá otro día. A lo largo de los meses de relación, apenas ha recibido algún detalle de su Eduardo, pero eso sí, si salen juntos, ella paga. No se queja, porque «no quiere subrayar la diferencia económica que hay entre ellos, para no hacerle sentir mal, ni parecer materialista».

Eduardo piensa que el reloj es un instrumento anticuado que sólo sirve para amargar la vida a los burgueses, y como él no lo es... vive al margen del tiempo y del reloj. Así, cuando dice «inmediatamente paso a por ti», y llega tres horas más tarde a recogerla, no entendería que Ingrid se enfadara, de manera que ella, aunque esté furiosa por haber perdido tres horas esperando, se aguanta y no protesta para no parecer una «esclava de los horarios y del trabajo». Ingrid esconde sus éxitos profesionales para no agobiar a Eduardo y sus temas de conversación han quedado reducidos a los pocos terrenos que Eduardo domina: coches, fútbol y algo de música. Todo lo demás está vedado, porque según él son «gilipolleces». Ingrid se aburre terriblemente con los amigos de Eduardo, pero se aguanta para no desentonar, además, sus propios amigos están prohibidos porque a Eduardo le parece que sus compañeros de facultad «siempre están hablando tonterías y son unos pijos». Hace mucho que Ingrid no va al cine a pesar de que le encanta... y así sucesivamente...

Es evidente que los mundos de Eduardo y de Ingrid son muy distintos, pero eso no sería un problema, porque ambos podrían enriquecerse con la diferencia. El problema es que esas diferencias, que Ingrid siente que los separan, ella las resuelve amputando aspectos importantes de sí misma: sus estudios, sus intereses, sus inquietudes. Que no se sepa que ella es lista, que nadie note que a ella le interesa la literatura, que nadie vaya a pensar que ella es una de esas «pijas» que estudia y que disfruta con su profesión. Si quiere mantenerse al mismo nivel de Eduardo y no desentonar, tendrá que recortarse el talón para entrar en el zapatito.

La historia de Ingrid y Eduardo terminó. Él dejó a Ingrid por otra, por otra que nadie se habría atrevido a comparar con Ingrid. Una más simple, menos guapa, más rústica y menos fascinante que Ingrid. Una, cuyo pie encajaba con naturalidad y sin que nada le sobrara en el único zapatito de cristal que Eduardo podía ofrecerle a una mujer.

Mientras que el hombre Pigmalión piensa que su Cenicienta es una mujer a la que él puede transformar en princesa y dedica un gran esfuerzo e interés en esa transformación, la Mujer-Hermanastra tiene peor concepto de su pareja. Ella piensa que su pobre Eduardo es un ser incapaz de cambiar y que es ella la que generosamente tiene que renunciar a sus propios logros para adaptarse, por eso se mutila los talones y se hace la coja para acoplarse a él. La de Ingrid y Eduardo es una pareja compuesta por una ¡Súper Cenicienta! y un ¡Pobre dios!

Por mucho que un hombre nos prometa que junto a él «nunca más tendremos que ir andando», más vale contar con nuestras extremidades al completo para poder pisar firme y caminar con nuestros propios pies. En la vida no tenemos que restarnos nada, todo lo que sea sumar y multiplicar está muy bien. Para dividir, para restar, ya está la realidad, no hace falta que nosotras mismas nos quitemos méritos.

Ya sé que en las zapaterías este tema es mucho más fácil de tratar que en la vida, pero ¿por qué una mujer no se prueba unos cuantos hasta encontrar uno de su talla? Más o menos de su talla, tampoco el hombre elegido tiene que ser «la horma de su zapato». Basta con uno que le siente bien, ni demasiado estrecho ni demasiado holgado. Uno con el que pueda atravesar una larga jornada sin sufrir demasiado. Uno que no le obligue ni a estirar los dedos de los pies, ni a pasar todo el día de puntillas, ni a mutilarse el talón.

El pitido que anuncia que estamos en presencia de un pecado espantoso de impostura es la incomodidad. Esa sensación de esfuerzo permanente, de tener que estirar el cuello o meter tripa para dar la talla, portarse bien o no excederse para que el otro se sienta cómodo.

Contra este pecado no hay más virtud que algo aparentemente tan sencillo como ser tal cual como uno es, y colocarse en los propios zapatos. No poder ser tal cual como uno es, es un pecado penosísimo. Ni tanto, ni tan poco, ni más ni menos, ni mejor ni peor.

Puestas a ser Cenicientas, el único papel que vale la pena representar es el de esa que sale corriendo a las doce y deja al Príncipe con las ganas, dispuesto a buscar a la mujer de sus sueños donde se esconda, dispuesto a poner la ciudad literalmente patas arriba hasta encontrarla.

Los hombres

No quisiera terminar estas páginas dedicadas a los pecados capitales dejando la impresión de que sólo pecamos las mujeres. Es cierto que el espíritu que recorre este libro es el de responder a ese *¿qué he hecho yo para merecer esto?*, lo que puede hacernos pensar que sólo las mujeres hacemos «algo» que está equivocado para encontrarnos en una determinada situación. Es verdad que muchas mujeres tienen exacerbado el instinto maternal, y toda la entrega que un bebé recién nacido exigiría, la despliegan con un señor barbudo que está a punto de cumplir los cuarenta. Otras sólo se sienten fuertes y poderosas cuando son capaces de soportar todo tipo de sacrificios; algunas se empeñan en que el olmo dé peras, o esperan hasta conseguir que el gato se transforme en ratón o que el escorpión prescinda de su verdadera naturaleza. Saber lo que cada quien hace para modelar su vida es importante para discriminar cómo puede deshacerse el entuerto y así poder responder a una pregunta crucial: *¿qué puedo hacer yo para salir de donde estoy?*

Todo esto es cierto, pero no hay que perder de vista que hay cada «gato», cada «escorpión», cada «dios» y cada «príncipe» sueltos —cada penitencia con forma de hombre—, que es como para que todos nuestros pecados nos fueran perdonados de antemano. Y es que los hombres son la mayor debilidad y el peor pecado que cometemos las mujeres.

Hay hombres impacientes y exigentes que parecen bebés. Los hay que sólo hacen sufrir y que no son capaces de dejar «escapar» a su presa y la persiguen con llamadas o mensajes para que ella no se pueda curar de su adicción. Hay otros que responsabilizan a su pareja de su insatisfacción y esperan que sea ella quien resuelva todos sus problemas y cure todos sus males. Los hay que piden tanto, ¡tanto!, que más que ofrecer una relación, parece que proponen a la mujer enrolarse en una ONG que lleva su nombre.

Ellos «son como son», responden a su naturaleza, no lo tienen claro, no se quieren comprometer…, etcétera, etcétera. Lo cierto es que a cada una de nosotras nos toca decidir qué hacer ante un «gato» que intenta zamparnos durante la noche de bodas, un escorpión que no nos respeta, o un príncipe que pretende probarnos cada semana el zapatito de cristal. ¿Nos compensa o no nos compensa?

11

La infidelidad

La infidelidad es un tema central en las relaciones de pareja, su sombra amenaza constantemente con atrapar a los amantes. Ser infiel y/o ser objeto de una infidelidad es una fantasía universal que puede, o no, convertirse en realidad. En tanto que fantasía, es una idea que ronda todas las mentes. Dependiendo del lugar en el que se ubique el soñador, la fantasía de infidelidad puede tomar la forma de una ilusión —«algún día llegará mi verdadero príncipe azul», «volveré a enamorarme locamente»— o comportarse como una pesadilla —«si me deja por otra me muero», «si me entero de que me es infiel la mato».

El monstruo de la infidelidad adopta muchas formas: mujeres casadas que aprenden a convivir, sabiéndolo o no, con la amante del marido; mujeres solteras que saben que comparten a su amante con otra mujer; hombres expertos en mantener relaciones paralelas;

mujeres casadas que encuentran la pasión en unos brazos ajenos; hombres y mujeres comunes y corrientes que puede que no sean ni mejores ni peores personas que tantos otros.

Hablar de «los hombres» y de «las mujeres» como si fueran dos grandes masas homogéneas siempre me ha parecido un error, sin embargo, no hay duda de que se trata de una simplificación muy habitual y probablemente muy necesaria y muy útil para ponernos de acuerdo sin perdernos en los detalles y en las peculiaridades de cada caso en particular. Así que, a lo largo de este capítulo, hablaremos de «hombres» y «mujeres» a sabiendas de que nos estaremos refiriendo sólo a «algunos» de ellos o a «algunas» de ellas, aunque en ocasiones esos «algunos/as» sean multitud.

Los triángulos

Los triángulos siempre despiertan una enorme curiosidad, porque más tarde o más temprano remiten a ese triángulo amoroso del que todos participamos: mamá, papá e hijo. Ese juego tan emocionante, que va del triángulo a la pareja y de la pareja al triángulo, dura toda la vida y se juega bien en la realidad o en la imaginación. Hay ocasiones en las que el adulterio no es un producto accidental del amor, sino su condición necesaria; hay otras situaciones en las que el adulterio, como dijo Margarite Yourcenar, es una forma desesperada de fidelidad. A veces el triángulo es una manera de protegerse contra el peligro de la intimidad y el compromiso y otras es el camino más corto de alcanzarlo.

De los muchos modelos posibles de infidelidad, el triángulo compuesto por un hombre y dos mujeres nos servirá como paradigma para rastrear los procesos subyacentes más comunes en este tipo de relación. No tengo estadísticas que avalen la elección, pero estoy segura de que todos conocemos el caso de un hombre que mantiene dos relaciones simultáneamente: una con su mujer, a la que quiere, respeta y venera; y otra, más pasional, con una amante. Es frecuente el caso de una mujer casada que es la única que no sabe que ese marido que la adora está con otra; o el caso de una mujer sola que está enamorada de un hombre casado y que se consume esperando por él. En este capítulo nos vamos a mover sobre este escenario, intentando entender qué busca un hombre en una situación así, qué busca cada una de esas dos mujeres y por qué será que cada uno busca y encuentra lo que tiene.

¿Qué quiere el hombre?

Podemos decir que el hombre que se embarca en una situación triangular como ésa lo quiere todo. Entre dos alternativas, él no opta y prefiere quedarse con las dos. Quiere la seguridad y el sosiego que le brinda el hogar y además sentir la emoción del riesgo, ver colmado su deseo por lo prohibido. Quiere ser el caballero salvador que rescata a la princesa desde un brioso corcel y simultáneamente se pide ser el niño indefenso que se acurruca en las faldas de mamá, o el que se esconde debajo de la cama esperando a que mamá vaya a rescatarle. Quiere ser nómada y sedentario a la vez. Quiere ir en busca de una aventura excitante sin abandonar la tierra firme del hogar. El hombre lo quiere todo.

Hay un bolero que cuenta en primera persona lo que siente y lo que piensa un hombre en esa situación. «Corazón loco» es el título de ese viejo bolero de Richard Dannemberg, que recientemente han popularizado Bebo Valdés y El Cigala en su disco *Lágrimas negras*.

La letra, que no tiene desperdicio, reproduce el diálogo imaginario de un hombre con su propio corazón, al que tacha de «loco» porque quiere a dos mujeres a la vez:

No te puedo comprender,
corazón loco.
No te puedo comprender
ni ellas tampoco.
Yo no me puedo explicar
cómo las puedes amar
tan tranquilamente.
Yo no puedo comprender
cómo se pueden querer
dos mujeres a la vez
y no estar loco.
Merezco una explicación
porque es imposible
seguir con las dos.
Aquí va mi explicación,
a mí me llaman sin razón
corazón loco.
UNA es el amor sagrado,
compañera de mi vida,
esposa y madre a la vez.

Y LA OTRA es el amor prohibido,
complemento de mis ansias
y al que no renunciaré.
Y ahora ya puedes saber
cómo se pueden querer
dos mujeres a la vez
y no estar loco.

Parece que ese hombre que lo quiere todo, no lo quiere de cualquier forma, sino por partes. Por partes que, además, mientras más alejadas y disociadas se encuentren entre sí, mucho mejor.

Según el bolero *la una*, de la canción y de la vida, es la esposa y representa literalmente a la madre, que es «sagrada», es decir, intocable, aquélla cuya profanación supondría un sacrilegio. A ésta la imaginamos como una buena «esposa y compañera» abnegada y desprendida.

La otra, en cambio, tiene, para empezar, el atractivo de ser «lo prohibido», un atributo que suele funcionar como un imán. Parece que esa «otra» es la encargada de calmar el apetito sexual del interesado.

Me temo que Freud no conoció el bolero, pero no se habría escandalizado con la letra, ya que en 1910 observó que a veces el hombre elige como pareja a una mujer que le inspira respeto, pero que no le excita sexualmente y, en cambio, sólo es potente sexualmente con otras mujeres, *las prohibidas*, a las que no ama y con frecuencia no es capaz de respetar.

De acuerdo con este razonamiento, si el hombre del bolero, por un milagro, se encontrara a una mujer completa, no tardaría en fragmentarla y en desactivar en ella algunos de sus atributos y convertirla en esa «media mujer» que él necesita que ella sea. Si la convierte en «esposa y madre» la tendría confinada al silencio del cuerpo. La veneraría con esa adoración que se profesa a las divinidades, «a mamá ni tocarla», pero no podría permitirse el lujo de desearla, y de este modo conseguiría desterrar en ella a la amante. Si la colocara en el papel de amante, la desearía con impaciencia pero no podría respetarla. Si llegara a respetar a la amante y a ponerla en el lugar de la esposa (si se casara con ella, por ejemplo), dejaría de desearla como amante y volvería a empezar la cacería hasta encontrar a «otra»...

Marina y Boris

Mi amiga Marina lleva ya muchos años en una relación con un hombre casado. Las cosas entre ellos están claras, de manera que no hay falsas promesas ni vanas ilusiones. Desde el primer momento Boris hizo su declaración de intenciones: «Nunca me voy a casar contigo. Aunque me separara de mi mujer». Incluso solía comentar a los amigos: «Si me casara con Marina, en cuanto me casara con Marina, empezaría a buscar a otra Marina. Y ésta me gusta mucho como para perderla».

Al menos Boris ha hablado claro y Marina no espera lo que es inútil esperar. Eso le deja un margen de libertad en la relación, una cierta dignidad de amante, que no la obliga a casi nada. Una libertad que seguramente no se permitiría si creyera que es posible «ganarle puntos» a la mujer de Boris, o si pensara que ella puede hacer algo para conseguir completo ese trofeo.

Una puntualización más respecto al bolero: lo que convierte al corazón del hombre en un loco, no es que quiera a dos mujeres a la vez, sino la pretensión de que las dos acepten con naturalidad la situación... ¡pobre dios! Seguro que el loco corazón quiere a las dos mujeres, no lo dudo, pero, lo más probable es que a las dos las quiera mal. Si tuviéramos que filmar una película que reflejara lo que sucede en este tipo de relaciones triangulares, tendríamos que titularla *Un hombre y dos malqueridas*. Una de ellas lo perdonará pensando: «Es que él es muy fogoso, está muy estresado y necesita una amante». La otra puede que lo exculpe diciendo: «Es que es muy buena persona y no quiere hacer sufrir a su mujer»... En fin, que cada una de ellas encontrará una manera de justificarlo. Lo cierto es que en una situación de tres, necesariamente, alguien tiene que sufrir... y no sé cómo se las arreglan, pero casi nunca son ellos quienes sufren...

Madre o amante

Esta búsqueda constante de una situación dual no ocurre por casualidad ni es un capricho. Hay hombres que necesitan disociar la figura femenina de una forma radical para que la «madre» que hay en toda mujer no se contamine con la «amante» que convive con ella. Aunque en la realidad el hombre tenga una lista de razones que expliquen el porqué de sus dos amores, y realice esta operación con la madre de sus hijos y con esa otra mujer a la que le une la pasión; en el fondo, esta división está destinada a mantener inmaculada la figura de su propia madre y a borrar de ella cualquier rastro que recuerde que esa mujer a quien él necesita completamente pura es también la amante de su padre. Así que, cuando creamos estar ante un superhombre capaz de «querer a dos mujeres a la vez, y no estar loco», en el fondo, a quien tendremos delante será a un niñito enloquecido de celos, incapaz de conciliar en su cabeza y en su vida que su madre idealizada es a la vez la amante de papá.

El horror de ver a la madre convertida en una mujer sexuada es una vivencia universal con la que todos los hombres conviven con una cierta dignidad. Algunos, los más afortunados, consiguen integrar a las dos figuras y aman a la madre de sus hijos. Otros, necesitan mantener la dualidad, son los que «quieren a dos mujeres a la vez»; hay algunos, incluso, que no se conforman con querer a dos, sino que necesitan querer a varias y cada tanto buscan agregar una nueva conquista a su lista, a este tipo de hombre no le llamaríamos «Míster Boris» como al amante de mi amiga Marina, sino «Don Juan». Los hay que sólo pueden relacionarse con prostitutas, a quienes intentan redimir y transformar en «buenas madres». Hay casos extremos en los que la sola sospecha de que se puedan superponer ambas figuras (amante y madre, madre y amante) llega a enloquecer al hombre por completo. Es el caso de algunos asesinos domésticos, que parece que no tienen muy claro a quién tienen delante cuando atacan a su víctima. Hace poco leí en el periódico que un hombre había asestado 176 puñaladas a su ex mujer. Estarán de acuerdo conmigo en que las dos primeras habrían sido suficientes para matar a cualquier ser humano. ¿A quién iban destinadas las restantes 174? Puede que con ellas intentara exterminar a un fantasma. A la figura imaginaria de una madre a la que se prefiere muerta que impura, una madre que le sigue persiguiendo porque las imágenes mentales no desaparecen con unas cuantas puñaladas.

Los cuentos infantiles

El objetivo, en todo caso, es apartar a la madre objeto de la pasión, de la madre sujeto de la traición y mantener en la mente las dos imágenes bien disociadas. Esta necesidad del ser humano ha sido recogida y reflejada en la literatura.

Podemos considerar que los cuentos de hadas son los primeros libros de autoayuda que se inventaron especialmente para los niños. En ellos, el pequeño puede ver reflejadas, con una cierta distancia, sus preocupaciones, sus terrores y sus deseos más inconfesables. Por eso los niños leen una y otra vez el mismo cuento, porque les acompaña en su travesía de hacerse mayores y les resulta muy terapéutico. Así que no es de extrañar que los cuentos infantiles recojan la mortificación de los niños respecto a la dualidad de la figura materna.

En los cuentos nos encontramos una y otra vez con dos personajes femeninos muy bien diferenciados: por una parte está la madre buena. Esta buena mujer suele estar muerta. Fue sin duda inmejorable, pero ya no existe. ¡Si hubiera existido!, ¡si existiera!, el destino del héroe sería otro. El único error de esta madre estupenda, idealizada, fue morir. Digamos que su gran equivocación suele ser no existir.

El otro aspecto de la madre está encarnado por la madrastra, que como todo el mundo sabe es una auténtica bruja, una mala mujer que ha embaucado al bueno de papá y que sólo quiere deshacerse de los niños para quedarse con TODO, con papá, con el dinero, con el secreto de la belleza eterna... En fin, que ella manda, que ella reina, que ella es mala, muy mala. El destino del personaje central del cuento, como el destino del hombre del bolero, se juega entre estas dos figuras: entre la madre perfecta que no existe, y la siniestra madrastra guiada por oscuras intenciones.

Eva y Lillith

Sin embargo, antes, mucho antes que las brujas y las madrastras de los cuentos infantiles, hubo una madre universal: Eva. Todos sabemos que Eva fue la primera mujer y que nació mansamente de una costilla de Adán. Fue la esposa de Adán, madre de Caín y de Abel y a través de ellos madre de toda la humanidad. Una única mujer reina en el Paraíso, redonda, completa, sin dobleces. ¿No? Pues no. Ni siquiera Eva se salva de tener una «Otra» que la complete. Eva tiene también su cara oculta, y la cara oculta de Eva, su lado oscuro, se llama Lillith.

Según la mitología hebrea, antes de Eva fue creada Lillith, a imagen y semejanza de Dios, igual que Adán. No provenía de su costilla, sino que era su igual. Según alguna versión del mito, Lillith abandonó a Adán. Según otras, fue repudiada por él. En ambos casos su pecado consistió en querer disfrutar del sexo tanto como Adán y a su manera. Otros le atribuyen la osadía de haber pronunciado el nombre de Dios. El caso es que

Lillith era una mujer libre que hacía las cosas a su manera y por ser libre fue exiliada al mar Rojo, «región que abunda en demonios lascivos» y nunca más pudo ser ni esposa, ni ama de casa. Según la Biblia de los cabalistas, Lillith desempeña dos papeles: estrangular a los niños ajenos y seducir a los hombres que sueñan mientras duermen solos. Según Isaías, vive acompañada por sátiros en las ruinas del desierto. Dicen de ella que, para intentar saciar su insaciable sexualidad, acostumbraba a salir por las noches en busca del semen desperdiciado por los hombres que duermen solos para fertilizarse y crear demonios. Lillith es la diosa vehemente y multiorgásmica del erotismo femenino. Con su sexualidad desbordada, esta mujer tan atractiva como peligrosa comparte cartel con sirenas y amazonas, las figuras femeninas de la mitología que están entre las que gozan de una representación más inquietante.

Casi nadie parece haber oído hablar de Lillith, y es que la familia mítica, la originaria, funciona como todas las familias tradicionales. A la amante no hay que nombrarla. Todos saben que la amante existe porque la huelen, porque la intuyen, pero lo cierto es que nadie habla de ella, «la Otra» está borrada. Lilith no ha sido una excepción. También a Lillith la han borrado de la historia de la familia humana. Su frivolidad fue castigada con dos exilios, primero con el exilio físico al mar Rojo, último rincón de la tierra donde fue expulsada, condenada a vivir rodeada de seres infernales y luego, por si acaso, fue condenada al peor de los exilios, al exilio simbólico del silencio. En la historia oficial, en la Biblia, como en las mejores familias, apenas se menciona el personaje de Lillith, sólo el profeta Isaías reconoce su existencia (34, 14).

Desde el principio de los tiempos, los dos aspectos de lo femenino están drásticamente separados, de un lado Eva, la buena, la abnegada, honesta, madre de toda la humanidad, ama de su casa, esposa fiel. Del otro lado, muy apartada, en las profundidades del mar Rojo, está Lillith, la mujer apasionada, la amante insaciable devorada por la lujuria, la mala, la madrastra traidora y peligrosa. Dos aspectos de una misma mujer separados en las Sagradas Escrituras y en la mente del hombre y la mujer.

¿Y el común de las mujeres? ¿Somos Eva o Lillith? ¿Madres o amantes? ¿Tenemos que elegir? La disyuntiva de la mujer es muy compleja. Eva y Lillith son dos aspectos de sí misma. ¿Tendremos que desterrar a Lillith al silencio para ser una Eva respetable? ¿O nos veremos obligadas a renunciar a Eva para poder disfrutar de Lillith? En todo caso, lo que parece cierto es que la sombra de una «Otra» planea continuamente sobre la feminidad, y la mujer, en su búsqueda, tendrá que vérselas con esa dualidad.

¿Qué quiere la mujer?

¿Qué quiere una mujer? Es una pregunta que se han hecho a través de los siglos muchos hombres, entre ellos Freud, que la expresó formalmente en uno de sus textos sobre la sexualidad femenina. Todos pretenden responderla, como si alguien pudiera llegar a saber con exactitud qué es lo que quiere una mujer.

Así como dije que el hombre lo quiere todo, la mujer siempre quiere otra cosa. Me explico: imaginemos a una mujer comprando ropa. Se prueba todo y, cuando digo todo, quiero decir TODO, hasta que, finalmente, muy finalmente, elige algo. ¡Problema resuelto! ¡Al fin! Pues no, porque cuando llega a su casa y se lo prueba, se da cuenta de que eso que eligió no termina de convencerla. Ella, en el fondo, lo que quería era otra cosa. Así que al día siguiente tiene que regresar a la tienda para cambiar eso que acaba de comprar y que hasta ayer le hacía ilusión tener y que hoy ya no le gusta nada.

No en vano, popularmente, se juega mucho con la caricatura de la típica mujer que mira con desaliento un armario abundante y que repite esa frase que entonamos todas las mujeres de la tierra y que seguramente inventó Eva (¿o habrá sido Lillith?):

¡No tengo nada que ponerme!

Y es que, de todas las hojas de parra del Paraíso, no hay nada que ella se quiera poner hoy... Hoy, justamente hoy, ella quería ponerse otra cosa.

El ejemplo más claro que se me ocurre es el de mi amiga Vanessa. Cuando va a comprar algo, suele llevarse dos de cada, uno de cada color... «Para elegir con calma», dice ella.

Imaginemos, por ejemplo, que se quiere comprar un abrigo, pues se llevará dos: el negro y el marrón... Mientras que no se ha decidido por ninguno, los quiere a los dos, los cuida a los dos. En cuanto elige uno, devuelve el otro y de inmediato desprecia al elegido y echa de menos al despreciado. Ya no le gusta el suyo, no era eso lo que ella quería... ¡Ella quería otra cosa!

Todo lo que Vanessa se compra es maravilloso mientras lleva puesta la etiqueta y todavía no lo ha estrenado.

En cuanto le arranca la etiqueta, el objeto en cuestión pierde su encanto y eso ya no es lo que ella quiere. Lo que ella quería, lo que ella siempre quiso era… «otra cosa»… Y entonces empieza a buscar otra vez. En cambio Boris, el amante de mi amiga Marina, el señor del bolero, o Don Juan, no se habrían sentido obligados a elegir y se habrían quedado con los dos abrigos, o con dos bolsos parecidos, como hicieron en la vida con dos o más mujeres.

Y es que Vanessa (la mujer) está marcada por la insatisfacción y, tenga lo que tenga, siempre querrá… otra cosa. Si tuviera un amante hubiera preferido un marido, si tuviera un marido, echaría de menos al amante, si tuviera al amante y al marido a la vez, le parecería que no, que eso tampoco era lo que ella quería…, que su corazón no está tan loco como para convivir con dos amores y que ella quiere a un solo hombre que contenga a los dos.

Querer siempre «otra cosa» no es sólo un rasgo exasperante a la hora de probarse la ropa. También es una bendición de la condición femenina, un rasgo generador de bienestar, de crecimiento y creatividad. Es sinónimo de ambición, y la ambición bien situada en la realidad siempre ayuda a crecer. Suele ser la mujer la que quiere «otra» cosa. Una casa más grande, con «otra» habitación para los niños, «otro» viaje, «otra» amiga, «otro» libro… En fin, se trata de una cierta capacidad para poner en cuestión el estado de la cuestión y no conformarse a ciegas con lo que hay.

Esta diferencia entre lo que quiere un hombre y lo que quiere una mujer explica por qué un hombre suele llevar mejor los triángulos amorosos y cómo se instala en ellos, los prolonga y los eterniza. Él no elige, él se queda con las dos. Sin la madre no sabe vivir y a la amante no está dispuesto a renunciar. Un hombre envuelto en esta situación puede quedarse satisfecho en esta especie de disociación, pero no necesariamente es feliz. También puede asaltarle el sentimiento de culpa. Mientras tanto, la mujer no termina nunca de estar contenta. *¿Será éste el hombre de mi vida? ¿Será el otro? ¿No me estaré equivocando? ¿Le ganaré a la otra? ¿Ella me vencerá?* Porque en estos tríos, suele haber UN «él» y DOS «otras».

La Una y la Otra

Cuando alguien habla coloquialmente de «la Otra», sabemos que se refiere a «la amante». La otra es «la querida» —como se dice con desprecio— (la malquerida, diría yo). Sin embargo, desde el punto de vista de la amante, «la Otra» es la esposa, la mujer oficial.

En definitiva «la Otra», así, con mayúsculas, quien quiera que ella sea, es esa mujer imaginaria que señala que estamos incompletas y a la que atribuimos el poder de saber con precisión en qué consiste ser una mujer. ¿Cómo ser exactamente esa mujer que el hombre espera que seamos? Está claro que yo no lo tengo todo…, lo que a mí me falta seguro que es ella quien lo tiene. ¿Qué tendrá ella que no tenga yo?

Rebeca

La película *Rebeca* funciona como una metáfora perfecta para entender mejor este tema tan complicado de «la Otra». *Rebeca* es una película de Hitchcock basada en una novela homónima de Daphne du Maurier, en la que una joven y tímida dama de compañía conoce a un acaudalado viudo cuya bella esposa, Rebeca, acaba de morir. La nueva pareja se casa y se traslada a vivir a Manderley, la mansión del viudo.

Cuando la joven llega a ocupar su sitio en el nuevo hogar, descubre que no hay espacio para ella porque la casa está plagada de recuerdos de Rebeca, la esposa difunta. En cada rincón algo evoca a la muerta. Pero no sólo los objetos la tienen presente, también los familiares y amigos del marido la recuerdan y la comparan continuamente con la nueva mujer. En las comparaciones, Rebeca siempre gana. La nueva, en cambio, está convencida de que nunca podrá ocupar el lugar que dejó vacante aquella mujer extraordinaria que desde el más allá parece respirarle en la nuca. La nueva se siente tan insignificante, tan poca cosa, que le resulta imposible competir con esa muerta perfecta. Su marido nunca podrá quererla como quiso a Rebeca. Lo curioso es que no es el marido quien más la recuerda, él apenas menciona a Rebeca y no parece que la eche mucho de menos. Quien se ocupa de rendirle culto y de mantener viva su memoria es una siniestra ama de llaves. Una oscura mujer solterona, amargada, reseca, que ha convertido a Rebeca, en su «Otra», hasta el punto de enloquecer de veneración por ella.

Habrán notado que cuando me refiero a «la nueva mujer», a «la chica», a «la nueva» no le pongo nombre.

No es capricho, ni es descuido, es que no sé cómo se llama. Nadie lo sabe, ¿a quién le importa? A lo largo de toda la película nadie la menciona. Esa pobre mujer, la malquerida, la segundona, la pobre Cenicienta, siempre dispuesta a prestar su pie para pasar alguna prueba no tiene nombre, no tiene identidad, no existe más que como alguien que pretende usurpar el lugar de la fabulosa Rebeca. Durante las dos horas de película vemos a «la chica» entrar y salir, subir y bajar y, sin embargo, nadie le pregunta su nombre, nadie la nombra, ni echa de menos saber cómo se llama, porque a pesar de ser ella la que está viva, parece que no existe…

De hecho, en España, la palabra «rebeca» designa esa especie de chaquetita de punto muy útil, muy práctica y muy poco glamurosa que la chica de la película solía llevar. Sí, incluso esa prenda de abrigo que la protagonista popularizó lleva el nombre de La Gran Rebeca, a pesar de que a la verdadera Rebeca nunca la vimos aparecer en escena, y a pesar de que a Ella, a la fantástica, a la muerta, a la inalcanzable, no podríamos imaginarla luciendo una prenda tan insignificante como ésa. Ella habría llevado escotes de vértigo, abrigos despampanantes, corpiños ceñidos que realzarían su figura perfecta, pero nunca una rebequita tan conveniente, tan cómoda y tan de andar por casa.

Así que a la que vemos nadie la nombra, y a la que todo el mundo nombra nadie la ve. La muerta está mucho más presente que la viva. Ni siquiera en las escenas en las que el marido hace recuento del pasado aparece Rebeca a modo de *flash back*. No podría. Perdería fuerza su misterio. Porque Rebeca es «la Otra» idealizada, y como ocurre con la madre muerta de los cuentos infantiles, para que la idealización funcione en toda su grandiosidad, no puede haber ni cara ni cuerpo real, porque ninguna cara podía ser tan bella como la que le atribuimos a Rebeca, ningún cuerpo sería lo suficientemente perfecto como para ser el cuerpo de esa Rebeca que imaginamos, ninguna risa humana podría compararse con el encanto de la risa de Rebeca, que todavía resuena por los rincones de Manderley.

Vamos a valernos de la figura de Rebeca para representar ese fenómeno psíquico que consiste en que cada mujer tiene en su mente una cierta «Otra» con la que se compara, a la que quiere vencer, a la que intenta imitar, a la que busca suplantar, como la que quiere llegar a ser, con la que quiere completarse, a la que quiere desterrar. También podríamos decir que cada Eva tiene en su mente a una Lillith, o que cada Lillith lleva en la trastienda de su pensamiento a alguna Eva. Por motivos prácticos, será Rebeca la que nos sirva de representante de «la Otra» universal.

Rebeca en pasado, presente y futuro

Esta Rebeca conjuga su poder sobre cada mujer en todos los tiempos verbales. La película está dedicada a la que podemos denominar la Rebeca en pasado. La protagonista de la historia vive bajo la estela que dejó una mujer que se fue. Carmen Posadas dedica su libro *El síndrome de Rebeca* a esta Rebeca pasada, a las heridas que deja un viejo amor. En la realidad, podemos estar hablando de la ex novia, la ex mujer, la ex amante…, cualquier mujer que haya ocupado ese lugar antes que ella.

Esta Rebeca tiene un poder y una fuerza asombrosos sobre su víctima. Allí donde hubo otra mujer quedan los pliegues que dejó su cuerpo entre las sábanas, queda su aliento y quedan sus olores. Se puede tropezar con su cepillo de dientes olvidado en el cuarto de baño, o con una nota de su puño y letra que diga algo tan intrascendente y tan personal como: «Cariño, no te olvides de llevar esta ropa a la lavandería». Desde su ausencia, esa Rebeca en pasado parece justificar la curiosidad y el interés que despierta. Como ella fue primero (como la madre), ella personifica la medida de lo que significa ser una mujer. «¿Me quieres más que a ella?», «¿Eres más feliz conmigo que con ella?», «¿Cuál de las dos te gusta más?»... son el tipo de frases que despierta con más frecuencia la Rebeca en pasado.

La Rebeca que conjuga su poder en presente es la rival propiamente dicha, el enemigo a batir. Es «la Otra» oficial con la que la mujer tendrá que competir en vivo y en directo. Según el triángulo que tenemos sobre la mesa, esta Rebeca será la mujer del amante, o la amante del marido. Esta «Otra» suele ser de carne y hueso. Curiosamente, su condición de ser tangible, en vez de hacerla más peligrosa, la convierte en un contrincante más accesible, con virtudes y defectos, alguien con quien se pueden medir fuerzas, alguien a quien incluso sería posible vencer. Es verdad que hay mujeres que en su tesón por querer «otra cosa» siempre se empeñan en conseguir lo que tiene la de al lado, y sólo se fijan en hombres que están acompañados de alguna Rebeca para ganárselos a ella.

La Rebeca que conjuga su poder en futuro tiene, en cambio, una fuerza y una contundencia imposibles de enfrentar, porque es pura invención. Con ella la batalla está perdida de antemano. Ella la ganó *in absentia*, antes incluso de existir. De ella no se tienen, ni siquiera, los pliegues de las sábanas. No se sabe qué estatura tendrá, ¡pero se sabe que será fantástica! Será perfecta. Esta Rebeca es «la Otra» que ocupará el lugar que la mujer dejó vacante.

Hace meses que Aurora rompió su relación con Santiago. No había nada que hacer, lo habían intentado durante años y no pudieron encontrar la manera de ser razonablemente felices juntos. La apatía reinaba entre los dos y, aunque Aurora se aburría a morir junto a Santiago, ella se consideraba la única responsable de tanta infelicidad. Lo habían probado todo. Con frecuencia se la veía más preocupada por su incapacidad de hacer feliz a Santiago que por encontrar la manera de ser ella un poco menos desdichada.

El caso es que más tarde que temprano la relación se dio por terminada. Ya separados, Aurora se dedicó a torturarse con sus propios reproches: «Y si en vez de… hubiera hecho…», «y si no le hubiera dicho…», «y si…». No soy capaz de recordar el contenido de cada uno de los dardos con los que se martirizaba pensando en lo que pudo haber sido y no fue. Lo que no podría olvidar es ese pensamiento que sobresalía por encima de todos los demás y que decía: «Será feliz con otra». Si se dedicaba a recordar los buenos momentos perdidos, al final se lamentaba diciendo: «Será feliz con otra». Si se llenaba de rabia contra Santiago y le parecía injusto haber cargado ella con toda la responsabilidad del fracaso, al final se decía: «Será feliz con otra». Como una letanía, cualquiera de sus reclamos, de sus recuerdos o de sus comentarios, se cerraba con ese mismo broche: «Será feliz con otra. Otra vendrá a hacer bien el trabajo que yo no supe hacer».

«La Otra» para la mujer

Hay mujeres que se miden continuamente con el fantasma de alguna otra mujer a la que endiosan, a la que admiran, a la que odian y aman a la vez. Una «Otra» a la que se venera también como a una diosa, porque no hay ninguna mujer (por muy Rebeca, Eva o Lillith que ella sea) tan completa como «esa» que ella tiene en la cabeza y que imagina que la mira con un poco de desprecio y de indiferencia.

«La Otra» acompaña, acosa y se convierte en público objetivo. La mujer se viste para ella como si se la fuera a encontrar a la vuelta de la esquina. Se compara y se mide continuamente con ella: «¿Qué haría ella en esta ocasión? ¿Qué diría? Ella sí sabría qué ponerse. Ella sí sabría qué quitarse. Ella sí es una buena mujer, o ella sí es una mujer que está buena».

Cada mujer es «la Otra» de alguna «Una» y ambas son «la Una» para alguna «Otra». Todas somos la Rebeca de alguna despistada, todas tenemos escondida, en un oscuro desván de la mente, a nuestra propia Rebeca.

Si el hombre no puede soportar a una mujer completa, la contrapartida de esta situación es una mujer desdoblada, que se siente incompleta, que tiene que ir continuamente en busca de su otra mitad. Es así que con frecuencia, la mujer no va en busca de su «media naranja», sino de su «media mujer», del reverso de su propia medalla. La mujer suele ir en busca de sí misma, de esa parte cercenada de sí misma que ella dejó perdida, y que imagina que ostenta otra mujer. Esto funciona así en secreto, a pesar de que tanto «la Una» como «la Otra» desplieguen hacia el exterior, ante los demás, su desdén hacia lo que la otra tiene o representa. Lillith despotrica contra Eva y Eva habla pestes de Lillith, se odian y se desprecian mutuamente y, sin embargo, ninguna de las dos pierde detalle de cualquier gesto de la otra.

Teresa

Todos hemos oído hablar de algún caso en el que una mujer se ha enamorado locamente del marido de su mejor amiga. La amiga de la infancia, la compañera más cercana del trabajo, las dos parejas de amigos que comparten cenas y fines de semana con los niños, la compañera-cómplice del instituto, en fin, ¡hay tantas!

La que yo conocí se llamaba Teresa y me consta que puso todo de su parte para resistirse a los embates de esa pasión que inexplicablemente la arrastraba. Ella aseguraba que ese hombre nunca le había parecido un ser especial, ni siquiera le cayó bien cuando su amiga se lo presentó. Sin embargo, años después, Teresa sucumbía postrada a los pies de ese insignificante Andrés. Teresa también estaba casada, sin embargo, la infidelidad hacia su propio marido, que la hacía sentir tan mal, no era lo que más le preocupaba. Lo que de verdad la atormentaba era la deslealtad para con su mejor amiga.

Es curioso —decía Teresa—, ¿cómo le puedo estar haciendo esto a Blanca con lo mucho que la quiero? Ella fue la que me recomendó para el trabajo que tengo. Siempre ha estado allí y sé que cuento con su ayuda si la necesito. Ni siquiera mi hermana se ha portado conmigo como Blanca. Es la mejor persona que conozco, ¡y yo debo ser la peor!

Todavía me acuerdo de las bromas que hacíamos cuando estábamos en el instituto. Nos llevábamos tan bien y nos divertíamos tanto, que solíamos decir que si no encontrábamos marido, nos iríamos a vivir juntas las dos...

Tal vez la relación que mantuvo Teresa con Andrés fue una forma segura de cumplir esa broma de la adolescencia que consistía en «vivir» con su mejor amiga. Teresa cumplía un sueño del que ella misma no era consciente. Eso sí, lo hacía a través de un tercero y sin tener que poner en juego su identidad sexual. El sueño secreto de Teresa es un sueño que tienen todas las niñas del mundo y que se llama: *quiero casarme con mamá,* porque mamá es el primer objeto de amor tanto para las niñas como para los niños. Más adelante, cuando papá entra en escena, ese primer sueño toma otra forma y pasa a llamarse: *ahora quiero parecerme a mamá para poder enamorar a papá.* Es el momento en el que la niña empieza a «taconear» con los zapatos de su madre y se «decora» entera con su lápiz de labios.

A Teresa no le bastaba con querer «ser como» su amiga. Para eso habría bastado con copiarle el perfume o cortarse el pelo como ella. Teresa quería «ser» su amiga, ocupar su lugar, y necesitó hacerlo de una forma concreta, usurpando su cama.

Fascinación por «la Otra»

«La Otra» no sólo desempeña el papel de una rival persecutoria. «La Otra» es también un modelo a seguir, una figura de identificación, alguien que nos anima a ser mejores personas, más eficaces, más guapas o más felices. La fascinación que siente la mujer por «la Otra» es un hecho que han descubierto hace ya mucho las industrias cinematográfica y editorial. *Eva al desnudo, Fuego en el cuerpo,* o *Mujer blanca soltera busca...* son algunas de las películas que reflejan esta situación tan inquietante y tan común de una mujer que quiere apropiarse de la identidad de «la Otra» y ocupar su lugar. Conozco también a muchas mujeres —yo misma—, lectoras empedernidas de diarios, cartas o biografías de otras mujeres. La curiosidad respecto a esas otras vidas las lleva por un sendero lleno de interrogantes: *¿Cómo lo hizo? ¿En qué consistió su genialidad? ¿Por qué sufrió tanto? ¿En qué se equivocó? ¿Cómo se atrevió? ¿Cómo pudo?* Estas mismas preguntas que antes se dirigían al personaje famoso, a la protagonista de la biografía, se formulan también en primera persona cuando una mujer lee un libro de autoayuda —como éste— escrito por otra mujer, es como si le preguntara al libro: *¿Cómo lo hago? ¿Por qué sufro tanto? ¿En qué me estoy equivocando? ¿Me atreveré? ¿Cómo podría?* Por si fuera poco, las revistas de moda nos ofrecen cada semana páginas y páginas llenas de cientos de «Otras» a las que podemos intentar imitar a duras penas, a las que algunas querremos parecernos, con las que podemos identificarnos.

El juego de «la Otra» se empieza a jugar con la madre, y sigue después con las hermanas, con las amigas, con las otras mujeres compañeras, contrincantes, hasta llegar a la suegra, que representa a la rival por excelencia. Sin tener que llegar a los extremos de la India, en donde cada año mueren alrededor de siete mil mujeres a manos de sus suegras, hemos de reconocer que la relación suegra-nuera se ha merecido, a través de los siglos, ocupar el lugar del paradigma caricaturesco de la rivalidad entre dos mujeres.

A veces la existencia de «la Otra» supone una coartada estupenda para la mujer. Me explico, la presencia de «la Otra» explicaría la infelicidad, la insatisfacción en la que ella vive, y se imagina que si «la Otra» no existiera su felicidad estaría asegurada. «Si ella no estuviera, si él no estuviera casado, seríamos felices juntos». «Si la amante no se le hubiera metido por los ojos y no se hubiera interpuesto entre los dos, seguiríamos siendo felices».

Con un hombre casado, la amante-malquerida juega a eludir la realidad. Juega al ilusionismo del «ahora lo tengo, ahora no lo tengo». Es mío por unas horas, por una noche, con muchísima suerte, por un fin de semana que parece eterno y que no dura más que unos segundos. «Sé que NO es mío, pero durante esa hora, esa noche, esa tarde, fue más mío de lo que nunca fue de nadie... Es mío, aunque sé que no es mío...». Ese juego de burlar la realidad tiene su gracia hasta que la amante-malquerida cae en la cuenta de que es la realidad la que se burla de ella. Cada mañana, cuando ella se despierta sola y sabe que él está con su mujer en otra cama, siente como si la realidad le sacara la lengua y se burlara tristemente de ella.

Es así como en nombre de la promesa de esa felicidad imposible las malqueridas (una y otra) se someten a situaciones humillantes esperando el milagro. Esperando «otra cosa» se dedican a soñar: «Dejará a su mujer», «Se cansará de la amante», «Sólo tengo que resistir un poco más… esperar… tener paciencia…», «El milagro se hará realidad y este dios será sólo para mí».

12

Los celos

Pablo

El colega que me remitió a Pablo lo describió como «un niño de nueve años que no quiere vivir y que tiene ganas de morirse». Pablo es el mayor de tres hermanos y su madre está francamente angustiada por él. No entiende que un niño de nueve años, en vez de divertirse, como todos los niños, diga que se quiere morir. Pablo tiene estallidos de cólera incontrolables, sobre todo contra su madre, a quien le espeta a gritos: «Tú no eres mi madre y yo no te quiero». Entonces ya no la trata de «tú», sino que habla de su madre en tercera persona y se refiere a ella como «ésa», con un cierto desprecio. Luego se arrepiente, se echa a llorar y dice que quiere morirse porque es muy malo. La queja más desesperada que Pablo grita a su madre, lo que no le perdona, es: «Tú me has traicionado tres veces. Primero, casándote con "ése" y después cuando tuviste a mis hermanos. Tú no eres mi madre».

Pablo está enfermo de celos. Ha hecho un descubrimiento brutal: el gran amor de su vida no es suyo. Su primera mujer, su madre, «ésa», que le hizo creer que estaba en el mundo sólo para él, no le pertenece en absoluto. Ahora resulta que «ésa», primero se pertenece a sí misma, después le pertenece a «ése» (que es el padre) y ahora resulta que, por si fuera poco, Pablo está obligado a compartir a «ésa» con dos intrusos a los que tiene que cuidar y llamar «hermanitos».

El padecimiento de Pablo es tan horrible, que a sus nueve años prefiere morir antes que soportar el dolor que está sufriendo.

Si en el relato de Pablo cambiáramos «madre» por «mujer» y «nueve años» por «cuarenta y cinco», estaríamos ante un hombre celoso, que probablemente maltrataría a su pareja, torturándola a gritos con sus sospechas y sus reproches.

Con cierta frecuencia recibo a padres desesperados que consultan porque tienen un hijo que sufre del mal de celos por culpa de la llegada de un hermano menor. A los padres, generalmente, les cuesta entender el porqué de esas reacciones tan desmedidas y dicen sorprendidos: «¡Sólo por la llegada de un hermanito!», como si fuera poca cosa.

El caso de Pablo era extremo. Sus ataques de ira no sólo perturbaban sus relaciones familiares sino su vida escolar. Su sufrimiento era de tal intensidad, que a sus nueve años no se sentía capaz de soportarlo y prefería morir. Pablo tardó algún tiempo en enterrar el hacha de guerra, en sepultar sus celos y en aceptar su lugar en la vida: ese lugar un poco triste que todos compartimos y que consiste en «ser uno más».

Para casos de celos infantiles más cotidianos, por los que con frecuencia me consultan, he encontrado una manera infalible de ayudar a los padres a ponerse irremediablemente en el lugar de su hijo y comprender el derecho que tiene el pequeño a estar celoso.

El «truco» consiste en decirle a la madre:

> Imagínate que tu marido llega un día con flores y con champaña y te dice: «¡Cariño, tengo una sorpresa para ti… sé que te vas a poner muy contenta!». Tú empiezas a imaginarte…, ¿será un viaje?…, ¿será un regalo especial?…, y él continúa: «¡TENGO UNA AMANTE! y ¿a que no sabes? ¡Mi amante se vendrá a vivir a casa con nosotros! ¡Te va a encantar! Es mucho más joven que tú, así que tendrás que cuidarla, prestarle tu ropa, compartir tus cosas con ella y ser buena y cariñosa…».

No hace falta continuar. Los padres ya se han puesto en la piel de su hijo y entienden perfectamente el calvario que atraviesa. Ni ellos mismos pueden soportar el horror que supondría, para cualquiera de los dos, una situación como la que les he descrito.

Parece que los celos del adulto son los que nos dan la medida del resto de los celos. Sin embargo, los celos infantiles, los primeros, son el molde en el que se cocinan todos los celos que un ser humano puede llegar a sentir. Son los más desgarrados y los más crudos. En ese momento de la vida aún no se cuenta con las herramientas mentales necesarias para dar una cierta explicación a la situación de exclusión responsable de provocar los celos, de manera que se viven sin asidero y sin argumentos.

Convencido como está de ser lo más importante para la madre, esos primeros celos pillan al niño desprevenido y le procuran una humillación inesperada, insoportable. Nadie le había contado que en el guión de su vida también estaban la autonomía de su madre y su «traición». El niño no tiene cómo defenderse de esos celos obscenos, porque no cuenta ni con las armas, ni con las armaduras necesarias para resguardarse de ellos y desterrarlos. Nuestro pequeño Otelo todavía no domina las frases de consuelo con las que más tarde va a defenderse un adulto celoso: «Le pagaré con la misma moneda», «Él se lo pierde», «Se va a enterar», «Me da igual, ya me buscaré a otra», «Esto no puede ser verdad», «Ya me las pagará» o «No me importa». Si el niño está confiado y desarmado, la lava del volcán de los celos lo arrastra y lo calcina sin remedio.

La unidad perdida

Detrás de esos celos está la añoranza de la unidad primordial originaria y mítica con la madre (insisto en calificarla de «mítica» porque tampoco está tan claro que alguna vez haya existido una unión tan extraordinaria como la que queremos imaginar). El niño —y el adulto celoso— busca recobrar el sentimiento oceánico de formar parte de un todo, de volver a ser UNO con el otro. Quiere dejar de ser tres: «Yo, mi madre y su autonomía», «Yo y las dos caras de mi madre», «Yo, mi madre y "ésa"» —que diría Pablo— o, como diría un adulto,

«Yo, Eva y Lillith». En definitiva: «Yo, el otro y el espacio insalvable que me separa del otro». Ese espacio que obliga al niño —y al adulto— a reconocerse como un ser separado y vulnerable y le obliga a renunciar a la ilusión de SER UNO, de formar parte de un TODO en el que nada falta. Un otro que en su función de completarle, tendría que saber lo que él necesita sin que haga falta decírselo. Alguien que debería ser capaz de adivinar lo que él piensa, lo que él siente, lo que él espera, sin que tenga que pronunciar ni una sola palabra, alguien que tendría que comportarse como si fuera su propia mano.

Si el inconsciente no existiera y el tiempo mental funcionara con una cronología lineal —primero el uno, después el dos y luego el tres—, lo normal sería que los celos infantiles fueran primero y los celos adultos aparecieran después, así las cosas, lo natural sería explicarle a un señor que tiene celos de su mujer lo siguiente:

> ¿Se acuerda usted de cuando tenía dos años, y era el rey de la casa? ¿Se acuerda de cuando descubrió que su madre le había sido infiel con «ése»? ¿Recuerda el miedo que sintió de llegar a perderla? ¿Recuerda cuando llegó a su reino un hermanito, un extranjero que se quedó en su casa y ocupó su territorio ¡para siempre!? ¿Se acuerda de cuando usted era Pablo?

Lo normal sería que cualquier adulto que escuchara este relato se tapara los oídos horrorizado y no me dejara continuar: «¡No me lo recuerde, que es lo peor que me ha pasado en la vida!». Eso tendría que decir y, sin embargo, lo que cualquiera dirá es: «No, no lo recuerdo. ¿Yo Pablo? ¡Nunca! Yo no. No debió ser tan grave, porque no lo recuerdo». Y no mentiría, ¡claro que no lo recuerda!

Es que los celos infantiles son tan dolorosos y están tan mal domesticados que, para no querer morirse como Pablo, para poder seguir viviendo a pesar de ellos, para no seguir los pasos de Caín, para aprender a leer y escribir, para abandonar la pataleta por la cartilla y las pasiones desenfrenadas por la tabla de multiplicar, es necesario enterrarlos, mantenerlos bajo llave y comportarse como si nunca hubieran existido. Desde entonces, sólo se tiene acceso a los celos desde la experiencia adulta actual.

... Y el celoso se cree muy maduro...

El caso es que «esos celos», aquéllos, los primeros, los que nos dejaron marcados para siempre, los olvidamos. Así de simple, los borramos de nuestra mente. Sin embargo, por mucho que los borremos, no desaparecen del todo. Duermen sepultados en el último rincón del inconsciente, en ese desván al que han ido a parar los deseos y las pasiones inconfesables, el miedo, los amores y los odios en su estado más puro. Allí descansan escondidos, dormidos, pero no muertos, nos acechan desde su guarida y nos basta con escuchar el rumor de los ronquidos del «dragón de ojos verdes» —como bautizó Shakespeare a los celos— para hacernos temblar y sufrir como si fuera el primer día.

La experiencia actual lo único que hace es despertar al monstruo infantil, y estos celos nuevos cobran la forma exacta de los celos de antaño y los ojos verdes del dragón se quedan ciegos por el dolor, el dragón está loco de celos... Lo que estaba sepultado en el inconsciente resucita con la misma intensidad de ayer y atrapa a su víctima sin previo aviso.

Gracias a ese olvido tan bien ejecutado, casi perfecto, nos cuesta tanto comprender los celos de los niños y la sexualidad infantil y necesitamos acudir a la información más reciente que tenemos a mano como si fuera la única, como si fuera nueva y no estuviera teñida por el pasado.

Los celos son sentimientos normales que cumplen más de una función en la vida afectiva del sujeto. Para empezar, aparecen como esa señal de alarma que nos obliga al reconocimiento del tercero, pero el tercero no es sólo ese que nos arranca «a» la madre —nos la quita—, sino también ese que nos arranca «de» la madre —nos salva de su dominio— es decir, el tercero nos permite escapar de la relación asfixiante con la madre. La salida de esta situación de exclusividad también tiene sus ventajas: el niño adquiere su pasaporte de autonomía... una promesa costosa pero necesaria.

El triángulo de los celos

El celoso vive entre la espada del amado y la pared del rival. En la mente del celoso siempre hay tres. Dos que se pegan y uno que mira a los que se están pegando... En algunos casos los dos que se pegan son el amado y el rival, y «se pegan» en el sentido de juntarse, de acercarse entre sí. Entonces, el celoso está condenado a mirar, es el excluido que observa cómo los otros dos se aman.

O bien hay dos —el celoso y el rival— que «se pegan» en el sentido de luchar entre sí, en cuyo caso el celoso cobra un papel protagonista y su máximo interés está concentrado en «pegarse» con el rival, en luchar contra él, en medirse con él. En este caso el que mira es el amado. El trofeo por el que los dos rivales se están peleando, supuestamente el más importante de los tres, se convierte en el tercero excluido. Recordemos el caso de Marta, Mauricio y Tomás. Cuando ellos dos competían entre sí por conseguir a Marta, estaban tan concentrados en su contienda, que solían olvidarse de Marta... También hay mujeres celosas que están más pendientes de «la Otra», de su Rebeca particular, que de su amado.

Todo Caín tiene su Abel, toda Desdémona su Otelo, todo Jasón su Medea y viceversa. Hay dos maneras en las que una persona se puede ver obligada a convivir con los celos: con los que siente o con los que despierta. No recomiendo ninguna de las dos, cualquiera de ellas puede ser un infierno.

La primera modalidad consiste en sentir celos, ser el excluido. Es el caso de la mujer que está con un hombre que hace su vida y que la expone a contemplar sus aventuras. En una situación como ésa se mezclan sentimientos contradictorios de dolor; de angustia por la pérdida; de odio o admiración por el rival, con reproches a sí misma por no haber podido conservar el objeto de amor. Los sentimientos de culpa y de desvalorización vienen a sumarse a la pérdida. A veces la mujer se siente engañada en una doble vertiente, no sólo por la infidelidad de la que ha sido objeto, sino por el engaño de fondo: por no haber previsto que podían engañarla.

En el caso de la amante, de la mujer que está en una relación a sabiendas de que comparte al amado con otra, los celos forman una parte fundamental del escenario. Sin embargo, en ocasiones, la amante ni siquiera tiene permitido mostrar sus sentimientos y se ve obligada a interpretar el papel de la fuerte, la generosa, o la mujer paciente que todo lo comprende y todo lo perdona. Si, por equivocación, llegara a expresar su rabia, su dolor o sus celos, es probable que escuche frases como: «Tú sabías desde el principio que esto es lo que hay» o «¿A qué viene ahora esta escena de celos?». Me parece que en situaciones como éstas hay que «aceptar las reglas del juego», es cierto, pero también me parece que eso los implica a los dos. Sí, él es de otra y ella tiene que ser postergada, vale, ésa es la parte del trato que ella ha firmado. Pero él no puede pretender que ella lo viva siempre con elegancia y con resignación. La parte del trato que habrá de firmar él se refiere a tolerar sus enfados, su mal humor y sus temidas «escenas de celos».

Vivir con un celoso, bajo el acoso de un ojo escrutador que la persigue, es otra manera en la que una mujer puede padecer por causa de los celos. En este caso la malquerida es objeto de un cuidado extremo, de estrecha vigilancia y es sometida a constantes interrogatorios. Tal vez una mujer inmersa en una situación como ésa confunda persecución con amor, vigilancia con atención e interrogatorios con diálogo. El hombre celoso que desconfía de su mujer ¿no la quiere? Sí, sí la quiere, pero la quiere mal.

El miedo

Conocemos muchas relaciones infelices que son a todas luces perjudiciales para alguno de los dos. «¿Por qué no le deja?», nos preguntamos los observadores externos. «No le deja porque tiene miedo», es la respuesta más corriente. En las grandes pasiones, el miedo es un inquilino con el que se convive desde el principio.

¿A qué tiene miedo una mujer que no se atreve a separarse de un hombre que la hace sufrir?

«Tiene miedo a perder la seguridad económica», por ejemplo. Puede ser, seguro que es el caso de muchas mujeres que se ven obligadas a enfrentar la vida solas con algún hijo a su cargo. Sin embargo, conozco a más de una que no tendría nada que temer en ese sentido, porque gana más que el marido, o porque proviene de una familia acomodada que está dispuesta a dar la cara, y, no obstante, no se separa porque tiene miedo.

«Tiene miedo a que él le haga daño si le abandona». Ésta es una respuesta que no conseguimos entender. ¡Pero si ya le está haciendo daño, si la vida con él es un calvario, si permanentemente la está haciendo sufrir! ¿Qué más puede temer? Es verdad que conocemos casos de hombres tan débiles que sólo pagan el abandono con la muerte, pero no son la mayoría, de manera que muchas mujeres deben tener un miedo ancestral que va un poco más allá de lo que se puede constatar en la realidad.

«Tiene miedo de que si no hace todo lo que él le dice o él le pide, le haga daño a terceros, a los hijos, o le perjudique en su trabajo». También puede ser, pero la mayoría de las veces se atribuye un poder al otro que éste no ostenta en la realidad. No me refiero a que el otro sea «bueno». Probablemente es malo, muy malo, y estaría dispuesto a hacer daño, mucho daño, pero no siempre tiene cómo hacerlo y, sin embargo, el miedo sigue allí.

«Tiene miedo a quedarse sola». A perder la seguridad que esa persona le brinda, aunque se la brinde envuelta en sufrimiento. Muchas de estas mujeres, en el día a día, están continuamente solas, bien porque a pesar de formar una familia él hace vida de soltero, o porque él está casado y su tiempo lo distribuye a su antojo y sin tomar en cuenta a la asustada.

El caso es que el miedo toma muchas caras y la mayoría están justificadas. Perder pie, perder seguridad, quedarse solo o hacer daño a terceros no son platos de buen gusto. Sin embargo, a veces me parece que algunas de esas caras, más que caras, son máscaras, es decir, son fachadas de miedo, que esconden el verdadero miedo, el temor más profundo, el más aterrador que no es otro que el desamparo, la indefensión, la desconfianza ante lo desconocido..., sentimientos todos muy infantiles y muy profundos.

Quiero aclarar que cuando digo «sentimientos infantiles» no me refiero a que sean sentimientos destinados en exclusiva a los niños, y que sea un signo de inmadurez mostrarlos. Digo que son vivencias que se sembraron en la infancia y que desde allí siguen germinando con toda su fuerza. No es que «porque» sentimos celos o miedos en la infancia, sentimos celos o miedos ahora; es que los sentimos igual que entonces. Las emociones de la edad adulta las vivimos de la misma manera en la que las sufrimos cuando éramos pequeños. Las vivencias infantiles no son las «culpables» de lo que vivimos; sino el molde según el cual tomará forma lo que sentimos hoy. La autonomía del otro es un incordio y una ordinariez, de acuerdo, a nadie le gusta sentirse prescindible, lo sé, pero es que cuando la dependencia respecto a la madre es radical, sentirse «olvidado» por ella, perderla, no es ya una cuestión de orgullo y dignidad sino de vida o muerte. Los celos, entonces, se constituyen en una voz de alarma, en un gesto de supervivencia. El miedo manda. «Si ésta me deja abandonado a mi suerte me muero» o, como debía pensar Pablo: «Temo tanto a lo que me puede pasar si ella me deja, que prefiero morirme».

La pasión y el miedo

Siempre me ha parecido que la pasión y el miedo están íntimamente relacionados, que forman una amalgama comprimida y explosiva en la que es difícil discriminar los componentes de la bomba para desactivarla. Las relaciones más apasionadas, las que más hacen gozar, las que más hacen sufrir, son las que más miedo da cerrar. La pasión despierta la vivencia de plenitud y el horror al vacío con la misma intensidad.

Una mujer vive su vida tranquilamente, se levanta por la mañana, trabaja con eficiencia, habla con las amigas… digamos que lleva una vida en blanco y negro, pero con un cierto sosiego. Conoce a un hombre y se enamora. Todo cambia, ahora la vida transcurre en colores. Todo es maravilloso… excepto por el miedo. Hace dos semanas, cuando todavía no lo conocía podía vivir sin él, hoy, cada vez que él tarda en llamar le parece que se muere, ya no puede trabajar como antes, la angustia cunde, la taquicardia no la deja respirar, las amigas no le sirven de nada y duerme mal. Ha tocado la felicidad plena y ahora vive bajo la amenaza constante de perderla. No es sólo miedo a perder a alguien que se llama José, no es miedo a una vida gris; al contrario, cuando la angustia aprieta, esa mujer que ha estado encantada con el esplendor de los colores, daría lo que fuera por regresar al blanco y negro de su vieja vida y volver a respirar y a dormir una noche completa. Lo que siente es algo muchísimo peor: es un miedo de muerte.

El enamoramiento y la pasión son algunas de las experiencias capaces de arrasar todas las murallas con las que habitualmente nos defendemos en la vida cotidiana. Gracias a su intensidad, el amor pasional se acerca peligrosamente a un núcleo vivo, crudo y blando, que solemos tener muy resguardado y que queda dramáticamente expuesto sólo en circunstancias extremas: en situaciones traumáticas, en momentos de peligro, durante un duelo, durante los segundos culminantes de un orgasmo, con ciertas drogas, después de un parto, con algún tipo de experiencia religiosa o en brazos del amor. Se trata de un núcleo en el que habitan la mayor dependencia, el más profundo desamparo y la más plena indefensión.

La manera en la que nos acerquemos a ese núcleo va a determinar si llegaremos a tocar el cielo o si vamos a arrastrarnos por las arenas del infierno. Pero el sólo hecho de tocar ese núcleo, de despertarlo de su letargo, de sacarlo de su escondite, nos coloca en situación de riesgo. Si nos vemos colmados, arropados, la sensación de plenitud será completa y la vivencia de una emoción oceánica lo inundará todo. El orgasmo, las experiencias religiosas, el mejor momento del enamoramiento y el mejor momento de la intoxicación por drogas dan muestra de ello. El interesado siente que ¡ha valido la pena arriesgarse! Si, por el contrario, ese núcleo quedara al descubierto, despierto y a la vez desatendido, se instalarán el vértigo, el terror y el horror al vacío, una angustia de muerte con la que es difícil convivir. Muestras de estas vivencias son el reverso de la moneda que nos procura, por ejemplo, un mal amor, la otra cara de las drogas, la depresión posparto, un accidente grave o la pérdida de un ser querido.

De la dependencia a la autonomía

El único antídoto con el que contamos para sobreponernos a los estragos de la dependencia que tenemos respecto a la pareja, es la propia autonomía. Si la autonomía del otro sólo supone rendición, la propia independencia es libertad.

Cuando alguno de mis pacientes ha descubierto el horror de que está siendo engañado por su pareja, no puedo más que mostrarle el camino de su propia autonomía mental. Yo no soy quien para recomendarle: «Recupere a su marido» o «deje a su mujer», pero sí puedo hacerle saber que puede decidir, que tiene algo que decir en su propia historia, que si quisiera podría separarse, que puede intentar reconquistar a su pareja, que no tiene que permanecer castigado en el lugar pasivo de la víctima. Aunque esté maltrecho, destrozado de dolor, puede salir airoso de esa situación. Puede perdonar o condenar, hay algo que puede hacer por sí mismo. En estos casos la margarita del «¿me quiere?, ¿no me quiere?» no es la más apropiada para deshojar, en estos casos es preciso deshojar otra, la del «¿me compensa? o ¿no me compensa?».

Hay heridas de amor que no se curan con amor sino con independencia... Poder decir «soy dueña de mi tiempo, de mis horas de trabajo y de mi ocio, tengo amigos, ¡hay vida después de una relación!, soy dueña de mí misma, me tengo…» es el mejor «sana, sana» con el que se puede contar, es lo único que nos va a devolver la dignidad ante nosotras mismas.

A veces la propia autonomía no se vive con satisfacción, como una herramienta para crecer, sino como una penitencia, como si se regresara castigada al rincón en el que la vida transcurre en blanco y negro. Cuando esto sucede es porque en donde dice independencia se lee soledad y en donde dice soledad se lee abandono.

La autonomía del otro es una cruz con la que tenemos que aprender a vivir desde muy pronto. Por fuertes que sean los lazos que mantienen unida a una pareja, por reiteradas que sean sus promesas de amor eterno, sabemos que hay un reducto de libertad individual que, en última instancia, llevará a cada quien a decidir si cumple o no cumple con su compromiso de lealtad. Ese territorio inconquistable del otro, en el que sólo reina su independencia, es el néctar del que se nutren los celos y el deseo. De esa horrible verdad sólo podemos defendernos con nuestra propia independencia. Cada uno de nosotros es dueño de su propio territorio. Nadie es dueño de nadie.

Y es que todos, hombres y mujeres, vivimos bajo el efecto de esa primera pasión demoledora: mamá. Todos sufrimos una primera traición imperdonable: mamá. Esa pasión, seguida de esa traición, nos deja vulnerables de por vida. Y todos, hombres y mujeres, hacemos cuanto podemos, como Pablo, como Marina, como Boris, como Luisa, como Teresa, como tantos otros, como cualquier Rebeca, para sobrevivir, con mayor o menor fortuna, a los estragos de esa pasión, a las heridas de esa traición.

13

Las amigas

No conozco a ninguna mujer que pueda sobrellevar ella sola los quebrantos de un mal amor. ¿A quién recurrir? ¿Cómo resguardarse? ¿Ante quién plantar el pliego de reclamaciones? Las opciones son múltiples. Sin embargo, me parece que las tres alternativas más solicitadas, las que suelen tenerse más a mano, las constituyen las amigas, los terapeutas y los oráculos.

Las amigas son orejas perpetuas capaces de soportar el alelamiento de los comienzos felices, las venidas, las peleas y los reencuentros. Soportan los desplantes: «Sí, ya sé que habíamos quedado, pero es que hoy me ha llamado. ¿No te importa, no? Tú me entiendes». Y sí, la mayoría de las amigas sí que entiende, y a pesar del plantón siguen ahí, paños de lágrimas que nos sujetarán cuando seamos nosotras las olvidadas, las malqueridas.

En el otro extremo está el terapeuta, que no aparecerá en escena más que en caso de necesidad y a petición de la interesada. Ya veremos que el terapeuta cumple una función específica, diferente a la de las amigas. El terapeuta empieza donde las amigas ya no pueden llegar.

Y entre las amigas y el terapeuta se echa mano de todo lo demás. He designado con el término «oráculo» a todos aquellos recursos a los que se acude en busca de respuestas en momentos de angustia o de incertidumbre. En el epígrafe entrarían instancias tan diversas y variopintas como el horóscopo, las adivinas o los libros de autoayuda, cualquiera de esas cosas que ofrecen al usuario un destino mejor, una salida airosa, al menos hasta nuevo aviso.

Las amigas

Por supuesto que, como mujer, he conocido de cerca la importancia de tener amigas y el papel que cumple ese vínculo único a lo largo de la vida de una persona.

Pero más allá de la experiencia personal, desde mi lugar de terapeuta, tengo la certeza de que la amistad es un vínculo de un gran valor, especialmente entre mujeres; tanto, que cuando tengo a una paciente nueva en mi consulta, entre otras cosas, en las primeras entrevistas indago cómo se mueve en el terreno de la amistad.

¿Tiene o no tiene amigas? ¿Qué tipo de relación tiene con sus amigas? ¿Son amigas de toda la vida, de esas que vienen desde el colegio? ¿Sólo tiene amigas recientes? ¿Es de muchas amigas o sólo de una o dos? ¿Cuenta con sus amigas para momentos difíciles? ¿Sus amigas cuentan con ella? Todas esas cuestiones arrojan una información privilegiada.

Las amigas miden la capacidad que tiene una mujer para vincularse. Especialmente en la época de la adolescencia, las amigas son un punto de partida. Son el único espejo en el que esa chica que está cambiando por segundos puede reconocerse. Las amigas son un marco de referencia. Son hermanas, gemelas-elegidas, dobles. Asesoras para algunos temas y discípulas para otros.

Los caminos de la amistad se ramifican y lo que una amiga nos da hoy, otra nos lo pedirá prestado mañana. Por ejemplo, tengo una amiga desde la época del colegio que es tan, tan bella, que en su momento llegó a ser Miss Venezuela. Yo nunca habría podido competir con ella en ese terreno, pero ella me enseñó a perfilarme las cejas y a esparcir el colorete en la dirección adecuada. Durante años, tuve acceso directo a un armario repleto que parecía la cueva de Alí Babá. A cambio, yo le ofrecía mi oreja, siempre dispuesta para escuchar sus historias. Yo era «la intelectual» y de vez en cuando le recomendaba leer algún libro. Después de todos estos años, mi amiga de la infancia todavía me llama a larga distancia para comentarme sus preocupaciones con sus hijos o para contarme algún sueño. Ahora es ella la que me recomienda qué leer y sigue supervisando milimétricamente el estado de mis cejas.

Tengo otra amiga, más reciente, con quien no me atrevería a competir en el terreno intelectual. Se trata de una colega brillante que conoce la obra de Freud casi como si la hubiera escrito ella misma. La librería de su consulta está a mi disposición como estuvo en su momento el armario de Miss Venezuela. En este caso, yo soy la frívola que sugiere modas y recomienda los colores más adecuados. Con una y con otra cuento y ambas cuentan conmigo a ciegas para los desconsuelos y las dichas; y lo mejor: ¡con una y con otra me río a carcajadas!

La amistad entre dos mujeres dependerá de la capacidad que cada una de ellas tenga para no quedar sepultada por la envidia. En la amistad, la envidia y la competencia se subliman; no es necesario «apropiarse» o «robar» los atributos de una amiga porque se tienen a libre disposición, en la misma medida en la que ellas cuentan con los nuestros. La envidia se desactiva porque todo lo suyo es nuestro y todo lo nuestro es suyo, porque ella soy yo y yo soy ella, porque sus triunfos son mis éxitos y sus fracasos mis derrotas. Las amigas nos complementan y están ahí para utilizarse mutuamente —en el mejor y en el peor de los sentidos—. Las amigas han de funcionar como funciona el osito de peluche de un niño y han de usarse unas a otras de la misma manera. Según el momento el pequeño no puede respirar si no tiene muy cerca al osito, al instante siguiente lo abandona tirado en un rincón porque se siente muy mayor, y súbitamente lo va a buscar y lo recupera con desesperación cuando ha tenido un hermanito y se siente desplazado.

Sin duda es una suerte tener amigas y es un arte cultivarlas. No recuerdo a qué famosa le escuché contar el secreto de su éxito para tener amigas. No parecía muy complicado, pero llevarlo a la práctica requiere de una cierta habilidad. Su secreto consistía en saber pedirle a cada amiga, sólo lo que cada amiga puede dar. A la amiga que es capaz de quedarse contigo hasta las tres de la mañana porque sufres mucho, no le pidas que responda a tus mensajes diariamente. La que está al tanto de tu vida y te llama todas las semanas nunca te prestaría veinte euros. De la que está dispuesta a prestarte la suma que necesites no esperes que recuerde tu cumpleaños y así. Lo cierto es que con frecuencia incumplimos esta máxima tan mínima y a todas las suponemos preparadas para todas las faenas de amiga, de ahí los problemas, los desencuentros y los resentimientos entre amigas.

Amigas testigos

En lo que a los amores de cada una se refiere, las amigas cumplen un ciclo más o menos previsible. Al principio son el público objetivo, ellas aplauden el prodigio y la suerte que tuvo la elegida de haber topado con ese ser sobrenatural. Las amigas asisten a la retransmisión en directo de cada movimiento: los comienzos, la incertidumbre, la emoción de cada encuentro. «¡Hoy la ha mirado!». «¿Llamará o no llamará?»... Es como si todas juntas respondieran al teléfono cuando él llama, como si todas se acicalaran y asistieran juntas al primer encuentro... Y al día después de ese encuentro, y a la espera, y al otro día. Hasta que llega un momento en el que ya las amigas no caben todas juntas en la escena y se quedan solas haciendo un corro, ilusionadas y sin ella, porque la elegida ya no las necesita. Cuando ella está con él, las amigas sobran, y es así como tiene que ser.

Las amigas podrían hacer un gráfico del estado preciso en el que se encuentra la relación de una determinada mujer en cada momento. Si las cosas van bien con el chico, ellas están de más y no existen. Cuando la relación empieza a ir mal, ellas son las primeras en enterarse. Escuchan las desdichas e inmediatamente, las muy ingenuas, se ponen en contra del «malo» y de parte de su amiga. Entonces la amiga se ofende porque no la entienden. No entienden que su queja no pretende poner en tela de juicio las bondades de su dios.

Las amigas deberían haber comprendido que la protagonista ha sido la elegida para recibir una revelación divina y por eso hay que pagar un cierto precio, nada más. Ella es la única que sabe quién es el verdadero-dios-verdadero. Ella sabe que se hace llamar Antonio o Hugo para despistar, pero ella, que le conoce profundamente, ella, que le ha visto por dentro, ella, que ha tenido la suerte de pasar alguna noche junto a él… ¡ella sabe que es dios!

Las amigas padecen, disfrutan, se ocupan con los avatares, las idas, las venidas, las peleas definitivas y las violentas reconciliaciones. Cuando él la deja, ella va a buscar a sus amigas. Cuando él regresa son las amigas las abandonadas.

Para merecer el título de amiga, hay que estar allí, como si no se tuviera otra cosa que hacer que esperar por el parte de la climatología emocional de la amiga: borrascas, sol radiante, marejadas, nubosidad variable ¡y el tsunami! Después del tsunami las amigas son especialmente necesarias para encontrar uno por uno los pedazos de ella, que quedaron esparcidos por la orilla, y han de guardarlos con cariño hasta que puedan reconstruirla. Las amigas restauran, remiendan con hilos de su piel, con los hilos que sobraron de la última vez que otra amiga las recompuso a ellas. Las amigas zurcen los pedacitos, llevan de la mano, dan de comer y enseñan otra vez a caminar. Las amigas prometen un futuro mejor, ese que según ellas su amiga se merece. Y así una vez y otra vez, a pesar de que, cuando la convalecencia parece encaminada, toda la filigrana se va al traste. Con una sola llamada de teléfono, con sólo escuchar la voz de Adán, la artesanía emocional que la amiga ha bordado se desbarata.

¡Y hay que saber moverse en ese nuevo escenario! Porque después de la reconciliación, las amigas son testigos incómodos. Las agujas de remendar y el hilo de zurcir todavía caliente entre las manos de la amiga, recuerdan a la enamorada el dolor de ayer y ella sólo quiere saber de la dicha de hoy. Ella sólo pide ser feliz junto a ese hombre extraordinario que la quiere tanto y que tanto la hizo sufrir sin querer. Lo que pasa es que sus amigas no lo conocen como ella y por eso no lo entienden. En momentos como éstos las amigas se transforman en el enemigo de la felicidad de la pareja. Hay que evitarlas, mantenerlas alejadas para que no estropeen la imagen idílica de esa supuesta unión feliz.

Esto es así en todas las relaciones, con los buenos y los malos amores, con las amigas a las que sus parejas quieren bien y con las malqueridas. Pero cuando las cosas no van bien, las amigas se convierten en el mensajero inoportuno, portador de un mensaje que no se quiere escuchar.

La malquerida desaparece, se evapora, se avergüenza de haber caído por enésima vez. Le da pudor incluso con las amigas más cercanas y se encierra en su búnker de dolor, porque ella es la única que sabe que la felicidad verdadera estará por llegar. Oculta a las amigas las «buenas nuevas», la llamada que esta mañana le hizo dios directamente a su teléfono móvil, y el encuentro apasionado, desesperado, que tuvieron anoche. ¡No hay duda: es dios! Y así, hasta la próxima…

Regresará, desgraciadamente más tarde o más temprano, la amiga regresará abochornada, lastimada, malquerida, más malquerida que nunca, amoratada por la angustia. Vendrá buscando un refugio, la madriguera de un café por la tarde, un desayuno o una copa. Entonces las amigas se convertirán en sábanas capaces de secar todo su llanto, en esparadrapos para vendar, para vengar su desconsuelo.

La amiga observadora ha escuchado la historia cien veces, la misma historia, con el mismo final previsible de la otra vez y la vuelve a escuchar como si fuera nueva o diferente. La amiga lo piensa, pero casi nunca dice aquello de: «Lo sabía, te lo dije, ¿qué esperabas?, se veía venir...». Da igual lo que la amiga diga o lo que se calle, lo importante es que está allí. Y ésa es la función de una amiga, estar allí.

Amigas sin Fronteras

Una vez conocí a una Eva, cualquier Eva, que cuando supo que yo estaba escribiendo este libro me contó su historia. Se había entregado sin reservas a los quebrantos de un mal amor. Su Adán era del tipo pecador intermitente, de estos que van y vuelven. De los que después de una noche deliciosa de diversión y de pasión, en vez de decir: «Mañana nos vemos», dice: «No me llames, que ya te llamo yo...». Y por supuesto que no llama, y no llama, y no llama. Y no responde a las llamadas que Eva juró no hacer y que Eva hizo. Y parece que se lo ha tragado la tierra hasta que una tarde, dos meses después —o dos años—, llama otra vez como si nada.

Sometida a ese régimen de pasiones e imprevistos, de abandonos y reencuentros, Eva había empezado a perder peso y dormía mal. Adán, en vez de darle un hijo, la había dejado preñada de angustia y Eva estaba obligada a convivir con un nudo en el estómago que crecía como si fuera un monstruo en su interior; un demonio peludo con uñas y dientes, que la mordía y la arañaba por dentro. Eva no podía vivir con Adán y no sabía vivir sin él.

Cuando la conocí, Adán era pasado en la vida de Eva. Fue entonces cuando ella misma se enteró de lo que sus amigas habían hecho años atrás. Eva tenía muchas amigas de distintos ámbitos, pero había dos de esas amistades que forjan sus cadenas en el patio del colegio. De esas con las que se comparte con la misma naturalidad los lápices de colores, la merienda, el primer beso y la primera regla. Digamos que las amigas de esta supuesta Eva se llamaban Marta y María.

Marta y María, tan amigas de Eva, no llegaron a conocer a Adán porque él no quería compromisos. El caso es que en una de las tantas recaídas de Eva, una de esas veces en las que el sufrimiento la había llevado a urgencias presa de una crisis de ansiedad, sus amigas se constituyeron en Comando Antiangustia de Eva, en Amigas sin Fronteras, dispuestas a todo con tal de salvar a su Eva de las garras de ese Adán.

Una de ellas buscó y buscó hasta dar con el lugar de trabajo de Adán y lo llamó. Concertó una cita con él como si fuera por una cuestión laboral, y allí que se fueron Marta y María a hablar «de hombre a hombre» con el malhechor para ponerle unos cuantos puntos sobre unas cuantas íes y prohibirle terminantemente que volviera a torturar a su Eva. Ni qué decir que Adán fue un encanto con las dos, ni qué decir que desactivó el comando con una promesa firme de no seguir perjudicando a Eva, ni qué decir que juró guardar esa visita en el más absoluto secreto, ni qué decir que desalojó el despacho en quince minutos y que siguió en su tónica habitual, haciendo lo que le venía en gana.

Entiendo que invadir el despacho de un Adán, incluso de ese Adán, es ir demasiado lejos, pero, ¿una amiga puede «ir demasiado lejos»? Lo que es verdad es que las amigas están allí para «ir demasiado lejos» y meterse hasta la cocina. Y nunca mejor dicho, porque hay cocinas cálidas, inventadas para las confidencias entre mujeres. Las amigas opinan, aconsejan... Están en su obligación. Para eso son amigas. Una salvedad. Hay que saber meterse hasta la cocina y saber detenerse en el umbral del cuarto de baño. Hay intimidades que ni siquiera la mejor amiga debe violar, hay «sinceridades» que no alivian, que sólo duelen.

Si la amiga tiene las puertas abiertas, el terapeuta, en cambio, espera. Escucha con la misma atención el desastre, la caída y la recuperación. El reencuentro y la despedida. Y es que el terapeuta está escuchando otra cosa, otra historia, no la historia oficial sino la otra, la secreta, la historia original, la infantil, el origen de todas las historias.

Amigas termómetro

Además de todo lo anterior, que no es poco, las amigas son un termómetro insustituible para calibrar el verdadero estado de una relación y vale la pena estar atenta a las señales de alarma que lanzan, porque casi nunca se equivocan. Cuidado, algo va mal cuando entre las amistades de una mujer aparecen algunos de estos síntomas:

— Cuando las amigas empiezan a odiar a su chico.
— Cuando su pareja empieza a ser un tema «tabú» que algunas de sus amigas evitan y ella termina también por soslayar.
— Cuando empieza a contarles lo último que le hizo, y sus amigas huyen en dirección contraria para no escuchar otra vez la misma historia.
— Cuando ella misma siente pudor y prefiere no comentar con ellas que se ha reconciliado otra vez con su Adán.
— Cuando sus amigas empiezan a exasperarse y a perder la paciencia con sus pecados.
— Cuando sus amigas se constituyen en comando y se reúnen a hablar seriamente con ella o, como Marta y María, se las arreglan para hablar seriamente con él.
— Cuando sus amigas no caben en su relación y las deja completamente abandonadas por él, porque Adán prefiere mantenerse a distancia de sus amigas y no comprometerse.
— Cuando más de tres amigas le regalan este libro o un libro que se llama *Mujeres que aman demasiado*.
— Cuando sus amigas la secuestran para llevarla de la oreja a un terapeuta.

Cualquiera de estas circunstancias debe hacer a esa mujer detenerse y pensar en ¿qué estará pasando en su relación que sus amigas no la aprueban? Generalmente, no es que sus amigas no la quieran, no es que no la comprendan, no es que le tengan envidia. Lo que suele suceder es que sus amigas la quieren y quieren lo mejor para ella.

Pero no hay que preocuparse, que cuando se acaben las historias de amor, esas amigas estarán allí para llorar, para reírse con ella, para acompañarla en el proceso de duelo, echar una mano en la reconstrucción y ayudarla a encontrar a otro hombre que la quiera mejor.

14

Los oráculos

La lectura de cartas

Victoria

Victoria llevaba unas semanas más callada que de costumbre, un poco lánguida, parecía estar sufriendo. Durante una sesión me confesó que la razón era que le gustaba un chico que se llamaba David, pero que había un problema:

«Es que es más alto que yo —me dijo—. Pero… es que a mí me gusta… aunque sea más alto que yo…».

Quería saber mi opinión. En principio la estatura no tendría por qué ser un impedimento para un amor así, tan espléndido como el que ella le profesa, aunque, efectivamente, David es bastante más alto que Victoria. Cuando Victoria esté en la universidad, esa diferencia de estatura no tendrá ninguna importancia. El problema es que ahora Victoria sólo tiene seis años y David ya tiene once.

Esa pequeña diferencia hace que David no haya reparado en la existencia de Victoria, pero ella no se resigna y sigue pensando en él noche y día.

Victoria sueña con ser famosa algún día porque piensa que así David no tendrá más remedio que mirarla. Y entonces, si la mira, en cuanto la mire, ella sabe que él se enamorará locamente de ella y corresponderá a su pasión. Sólo hace falta que él sepa que ella existe.

Corrían los tiempos de mayor furor de la primera edición de *Operación Triunfo* y Victoria me confesaba:

—Yo quiero ser famosa como Chenoa.

—¡Claro! —le decía yo—, además Chenoa tiene un novio que se llama David.

Y las dos nos reíamos de «la casualidad».

En su intento por llegar a ser «famosa como Chenoa y tener un novio que se llame David», Victoria inventaba canciones de amor para su amado con letras como éstas: «... David, David, ven a mi casa y dame un beso, que yo te daré mi felicidad...», o «... David, mi corazón te espera. Ven a mi corazón, David, David».

En la consulta, Victoria y yo jugábamos, entre otras cosas, a las cartas. Su abuela era una gran jugadora de cartas y Victoria conocía muchos juegos que me enseñaba. Dominaba el vocabulario básico de «hacer tríos» y «hacer escaleras». Un día, Victoria propuso un nuevo juego:

—¡Vamos a hacer parejas! —dijo.

Yo pensé que era otro de los juegos de la abuela, pero no, éste era de su propia cosecha y me lo explicó con cuidado:

—Se ponen todas las cartas boca abajo. Las rojas las colocamos a un lado, y de ahora en adelante serán las chicas. Y las negras van al otro lado, y de ahora en adelante serán los chicos. Las cartas rojas refunfuñan porque quieren conseguir novio, y van «a buscar novio» donde están las cartas negras. Y sacan, ¡sin mirar!, una de las cartas negras para «hacer parejas».

El juego consistía en «hacer parejas»; en el sentido más literal del término. El número de cada carta representaba la edad de la chica o del chico. Empezamos a jugar. Íbamos «haciendo parejas» y las apartábamos:

—Una niña de cinco con un niño también de cinco… Esos dos deben estar en la misma clase —decía Victoria—. ¡¡¡Mira, una chica de siete se va a casar con un niño de dos!!!

Entonces yo aprovechaba la ocasión para nombrar alguno de los problemas por los que Victoria había venido a mi consulta:

—¿Te imaginas que el chico de dos todavía lleve chupete, o se haga pis en la cama?

Y las dos nos reíamos…

Así seguimos un rato haciendo un montón de «parejas» inútiles. ¡Hasta que, por fin, un seis de diamantes eligió a una «J» de tréboles! Victoria sonrió, me miró con los ojos entornados, casi en blanco, suspiró… y confirmó:

—¿Ves? ¡Una niña de seis años con un chico de once!

Se levantó dando saltitos y gritando:

—¡Yo lo sabía! ¡David, va a ser mi novio! ¡David es mi novio! ¡David es mi novio!

Victoria tiene sólo seis años y ya apunta maneras. No me parece que esta «lectura de cartas» sea muy distinta que aquélla por la que pagan tantas mujeres a una «bruja». El azar lleva a un rey junto a una reina, un arcano mayor junto a otro, y la suerte está echada: el destino está escrito y así —como gracias al juego de «hacer parejas» Victoria y David ya son novios—, una mujer descubre, por el azar de una carta que se desliza en el momento justo, que ella será eternamente feliz junto a su rey de corazones.

Convicciones como éstas permiten a los humanos evadir —unos más, otros menos—, el yugo de la realidad. ¿Qué importa si un hombre nos ignora, como ignora David que Victoria existe? La verdad se esconde entre esas cartulinas de colores frágiles y gastadas por el peso del destino. Las cartas tienen la razón: el rey de corazones será nuestro.

Gustavo

A Gustavo, con tres años, le encanta mirar cuentos y, como todavía no sabe dibujar, me pide que le dibuje en hojas sueltas ciertos personajes que para él son fundamentales: Chico y Chica (más conocidos en todo el mundo como Hansel y Gretel), Papá (padre de la Sirenita), la Sirenita, la mamá de la Bella Durmiente, la Madrastra-Bruja de Blancanieves, el cocodrilo de Peter Pan, la Cenicienta «con tacones», diversos Príncipes y así sucesivamente. Una vez dibujados, Gustavo recorta el trozo de papel donde aparece el dibujo y pasa a «ordenar» en distintos montones a esos personajes tan significativos de su mundo interno. En un montón coloca a las brujas y al cocodrilo. Y en otro a todos los demás, esta vez la clasificación consiste en «buenos y malos». Después los ordena por «chicos y chicas», independientemente de que sean buenos o malos y luego por *quequeños* o mayores. Así, el universo de Gustavo está en sus manos y él lo puede organizar a su antojo. Por ahora todo se divide siempre en dos grupos, que no necesariamente ocupan las mismas categorías: buenos y malos; chicos y chicas; o grandes y pequeños. A veces «esconde a los mayores» o «castiga a los malos y los encierra».

Observando este juego me pareció que Gustavo había inventado las cartas del tarot sin saberlo y que «se echa las cartas» a sí mismo a su manera, con esas representaciones mentales que aparecen en esos pequeños pedazos de papel y que son una suerte de Arcanos Mayores, figuras que estructuran el psiquismo y le permiten a un niño de tres años sentir que él puede controlar su destino. A través de este juego, Gustavo ha puesto orden en su cabeza y algo de su caos interno ha quedado hábilmente organizado merced a ese juego de cartas tan simple y a la vez tan universal.

Con el juego de Gustavo quiero ilustrar que los personajes significativos de la humanidad, sus grandes preocupaciones: buenos y malos (que representan al amor y al odio), grandes y pequeños (que representan la diferencia entre generaciones), chicos y chicas (que representan la diferencia entre los sexos) encuentran una vía de representatividad a través de esas figuras míticas que toman cuerpo y aspecto humano en las cartas que el niño crea y utiliza para jugar. Estas cartas no son un invento casual de Gustavo, sino la consecuencia lógica de una necesidad.

Aunque yo esté convencida de que fue Gustavo, a sus tres años, quien inventó las cartas del tarot, dicen los libros que su historia se remonta al año 1000 antes de Cristo, cuando los chinos leían su fortuna por medio de dados de papel. En el 1000 después de Cristo, los árabes de El Cairo jugaban con naipes pintados a mano muy parecidos a una serie del siglo XIV conservada hoy en Estambul y que se supone dictada directamente por Toth, el dios egipcio encargado de las medidas del tiempo y de predecir el futuro. A finales de ese mismo siglo surge en Italia el juego del tarot, compuesto por una baraja similar a la española, con veintidós figuras simbólicas denominadas Arcanos Mayores. Un ejemplar de esa época se conserva en la Biblioteca Nacional de París. Con el tiempo, los naipes dejan de ser de uso exclusivo de los reyes y la nobleza. La fabricación de papel y ciertos medios técnicos permiten su divulgación. Los nobles encargan las barajas a artistas y doradores, mientras que el pueblo se conforma con cartas realizadas por medio de la xilografía, la clase media juega con naipes grabados, y así se han ido popularizando…, hasta llegar a las manos de Victoria.

Desde las culturas más antiguas, el hombre busca una forma de explicar y controlar eso tan enigmático que se llama el porvenir y cuyo paradigma está representado por el misterio de la muerte.

Probablemente el primer oráculo que calmó la incertidumbre de una mujer enamorada fue la margarita a la que Eva interrogó, comprimiéndole el tallo y sometiéndola al tercer grado: «¿Adán me quiere? o ¿no me quiere?, ¿me quiere? o ¿no me quiere? ¡¡¡Me quiere!!!». «Adán-David es mi novio y además ¡¡sí me quiere!!».

El pensamiento mágico

Ir a una bruja, leer el horóscopo, consultarle al I Ching, recurrir a la religión, incluso leer un libro de autoayuda, son cosas que muchas personas ocultan con cierto pudor. Siempre se echa mano de ellas «por casualidad», sin querer, como al pasar. Como esos programas deplorables de televisión que logran una máxima audiencia y que nadie ve jamás porque todo el mundo está concentrado en los documentales de La 2. Para disimular nuestro uso del oráculo, también recurrimos a excusas parecidas al zapping: «Una amiga me regaló este libro…, la prima de una conocida me leyó las cartas en su casa, pero yo no creo en eso, no me afecta, porque no me lo creo…».

Mi país de origen —Venezuela—, es un lugar en el que reina el pensamiento mágico. La lógica no existe, cualquier cosa que ocurre es un milagro o una desgracia inexplicable, somos unos irreverentes encantadores y unos expertos tomadores de pelo profesionales. Así que en ese país, y en mi época de muchacha, hace unos cuantos, *pocos*, años, cualquier chica de mi edad y condición contaba con una modista que había heredado de su madre, con una manicurista recién descubierta que era muchísimo mejor que la de su madre y con una bruja de cabecera (o dos), que alguna amiga le había recomendado, y que solía compartir con su madre. Todavía hoy, cuando la ayuda psicológica está tan difundida en mi país, el terapeuta y la bruja se superponen sin competir, y a ninguno de los dos se le ocurriría poner en duda la importancia y la pertinencia del otro.

Así que el tema no me escandaliza en absoluto. Yo misma he sido usuaria. Además de la cartilla, me han leído muchas veces las cartas. En plural, todo tipo de cartas. Y también el tabaco, el café, la carta astral, la cera de una vela y su llama, las líneas de la mano, las de la otra, las hojas del té… En fin, que en Venezuela las mujeres visitamos con más frecuencia a las brujas que al ginecólogo. He de decir que los dioses me han bendecido con una pésima memoria, de manera que no recuerdo ni sus promesas ni sus profecías, así que no puedo decir si se han cumplido.

Mi experiencia de primera mano me permite no escandalizarme y hablar con conocimiento de causa. Sé lo que una mujer espera encontrar en esos casos. Busca un futuro extraordinario, un amor con mayúsculas, un guiño del destino. En cambio los hombres «consultan» al oráculo como lo hizo Edipo, más preocupados por el destino de Tebas, la ciudad que tienen a su cargo, que por su porvenir amoroso. Preguntan por su situación laboral, el dinero, el poder, la salud. Nosotras siempre preguntamos por el amor. Y no es un problema de edad, la madre de mi amiga Lorsa enviudó a los cincuenta y tantos y no ha vuelto a tener una pareja. Ahora tiene más de ochenta, y todavía hoy, de vez en cuando, se hace leer las cartas del tarot en busca del hombre de su vida, un rey de corazones que la rescate y la descubra y la cubra y la quiera…

Como Gustavo, mi paciente de tres años, como Victoria, mi pacientita de seis, ni más ni menos que como Victoria, buscamos que el más allá nos brinde lo que nos niega el más acá. Esperamos que el destino nos tenga reservado lo que la cruda realidad nos escatima.

Sin embargo, he de decir que no sólo en el Caribe prolifera el pensamiento mágico. En España, he comprobado que en provincias, la mayoría de los canales locales de televisión no están dedicados a los deportes, ni a los documentales de sexo y de violencia que protagonizan los animales de La 2. La mayoría de los canales locales están dedicados a la lectura del tarot y cuentan con un nutrido público de personas que llaman para hacer preguntas, para saber, a través de esas cartas, un poco más de sí mismos, de su vida, de su destino.

El futuro que ofrece el destino se supone que es irremediable y que no hay nada que se pueda hacer ante él, excepto dejarse arrastrar y revolcarse en sus designios. Lo que está escrito, escrito está. Sin embargo, querer conocer el destino con el fin de «estar preparado para afrontarlo», esconde la ilusión de que, de alguna forma, se puede modificar.

Desde que descubrimos la peor de las noticias: que ni somos todo ni somos lo más importante para el otro, nuestros mayores empeños van dirigidos a restaurar una situación ilusoria que vuelva a poner las cosas en su sitio. Sí, somos todo. Sí, podemos controlar el entorno. Sí, podemos conocer y controlar al otro. Sí, somos dueños de nosotros mismos y de aquello que nos va a ocurrir. Ése es el objetivo último de quien recurre al oráculo: controlar el destino, recuperar el trono y el poder que perdió en la cuna. Algo que constituye una búsqueda universal y de lo que todos participamos cada año cuando compramos lotería, cuando esperamos la llegada de los Reyes Magos: la ilusión.

Nadie va a que le lean las cartas buscando «la verdad», sino buscando «la felicidad». «Un golpe de suerte te espera a la vuelta de la esquina». «Vas a conocer a un hombre que te hará feliz». «Alguien de tu entorno te tiene envidia y te ha echado mal de ojo». Nadie quiere saber que este año tampoco se hará rico, ni que el cafre que comparte su vida volverá a tratarla mal el mes que viene. Ni que las cosas que no le salen bien en la vida tienen que ver con lo que ella hace o deja de hacer. Eso ya lo sabe, para saberlo no necesita las cartas. En el tarot se buscan las buenas noticias, para las malas ya tenemos el periódico.

Así que estas consultas al más allá cumplen una función fundamental para el psiquismo que es la de abrir un espacio de tregua entre la dureza de la vida cotidiana y la esperanza de una vida mejor.

Los libros de autoayuda

¿Conocen algún libro que no sea de autoayuda? Todos los son. Todos los libros nos ayudan con algo en cierto momento de la vida. Desde la cartilla que nos «autoayuda» a aprender la maravilla de leer y escribir; pasando por los cuentos de hadas que guardan en su interior nuestros ogros y nuestras brujas; las novelas rusas del siglo XIX; o la poesía que nos presta palabras para amores o sufrimientos innombrables; hasta llegar a los ensayos que nos inundan de preguntas… En fin, que después del pan, el libro es el mejor invento de la humanidad.

Pero vamos a hablar de lo que todos conocemos como el clásico libro de autoayuda. Si tuviera que caricaturizar cuál es el elemento común que, a bote pronto, me ha parecido encontrar en las páginas de muchos libros de autoayuda, vendría a ser algo así como: «Ser feliz es algo muy sencillo, sólo tienes que seguir unos cuantos pasos que yo me sé y que pongo a tu entera disposición. Piensa en positivo, cambia el color de la moqueta y arranca los espejos de tu habitación». O: «Controla tus emociones, toma una dieta sana y busca el justo medio». O su variante: «No te estreses, encuentra el equilibrio entre la vida personal y la vida laboral, háblale a tu hijo como si le quisieras». Y, por supuesto: «Sé tú mismo, cíñete a un presupuesto y no gastes más de lo que ganas». Ni qué decir de: «Proyecta tu energía interior, cuerpo sano-mente sana (¿o era al revés?)». Sin olvidar: «No le llames o no dudes en llamarle, y sobre todo, no tomes ninguna decisión hasta que Saturno no haya salido de tu casa IV».*

Así de fácil. De manera que, si no eres feliz, que sepas que además eres tonto, porque con poner un poco de tu parte esto de la felicidad está al alcance de cualquiera. Pero no, claro que no somos tontos, porque hemos comprado y además leído el libro que conoce el secreto de la felicidad. Ahora, pondremos en práctica sus consejos y todo será diferente. ¡Manos a la obra! Cambiamos el color de la moqueta, aprendemos a ser profundamente espontáneos, apartamos de nuestra mente cualquier pensamiento sospechoso y bajamos de peso. Sólo falta esperar a que llegue la felicidad. Pero no llega.

Lo cierto es que tras esa tregua de actividad, un tiempo después y, sin advertir ni cómo ni por qué, volvemos a ensimismarnos y a estar tristes y malhumorados,

---

* No pienso mencionar las cosas que una mujer debería hacer en ayunas para estar en forma, porque una vez lo intenté y tenía que levantarme cada mañana dos horas antes para completar la lista y empezar a tiempo mi jornada laboral.

y las cosas vuelven a no ir bien en el trabajo, y nuestra relación vuelve a no funcionar, y otra vez no llegamos a fin de mes, y los niños se nos suben a la chepa y nosotros por las paredes…

Por suerte, la industria editorial no deja de pensar en nosotros, y para cuando llegamos a la conclusión de que estamos otra vez hechos un lío, ya habrán salido diez o doce títulos nuevos, con su promesa de felicidad y sus recetas infalibles.

Sergio Bulat ha dedicado gran parte de su vida laboral a traducir libros de autoayuda, de manera que se ha visto obligado a leer muchos y a conocerlos bien por dentro. Dedicó un libro al tema que se titula *Más de lo mismo*. En él intenta explicar el porqué del fracaso de la mayoría de estos textos. Aporta una justificación bastante evidente, pero que tiene el valor de ser la exposición de un entendido. Dice Bulat que los libros de autoayuda dependen más del lector que del autor. En tanto que libros de AUTOAYUDA, es el lector quien tiene en sus manos hacer o no hacer lo que le parezca, seguir o no seguir los consejos que el libro le propone.

Creo que el problema reside en la misma condición humana: en ser como somos. El libro tendría que empezar por un consejo universal: deje usted de ser humano y a lo mejor entonces será completamente feliz. Ningún consejo es fácil de seguir, porque cualquier recomendación que nos venga dada desde fuera tiene que luchar contra la inercia de nuestra propia naturaleza, contra los espíritus burlones de la resistencia al cambio y contra esa tendencia tan cansina que nos caracteriza y que consiste en repetir un repertorio muy limitado de pautas de relación que vienen desde nuestra infancia y adolescencia, y que no obedecen a nuestros propósitos racionales.

Si no funcionan, si no nos cambian, si no nos dan la felicidad, ¿por qué se venden tantos libros de autoayuda? ¿Por qué alguien que no ha encontrado respuesta a sus dificultades en un libro vuelve a comprarse otro? Tal vez sea porque hay que buscar al verdadero, el que sí nos dé la clave de la felicidad. Pero, ¿y si resulta que todos y cada uno de esos libros sí cumplieron su cometido, y por eso se compran una y otra vez?

La verdadera función de un libro de autoayuda

También el libro de autoayuda funciona en el lector como las cartas del tarot o como comprar la lotería: su sola promesa de felicidad es suficiente para alimentarle. En el fondo no se le pide más. Todos queremos ganar a la lotería, pero las muchísimas veces que hemos apostado a un número equivocado no nos persuaden para que dejemos de comprarla. Claro que comprar lotería es un paso fundamental si uno quiere ganarla.

El libro de autoayuda acompaña al lector cuando estaba dispuesto a gritar: «¡Mi reino por un consuelo!». En la cama, en el metro, en los momentos en los que más solo y más perdido se siente, ahí está el libro al alcance de la mano.

El libro de autoayuda tiene otra cualidad y es que es un espejo caleidoscópico. Por muy variado que sea el público objetivo al que el libro va dirigido, cualquiera se puede sentir descrito en alguno de sus párrafos. Esto también acompaña mucho. Permite pensar algo así como: «Quien quiera que haya escrito este libro está hablando de mí, de mi marido, de mis niños, de mi jefe, de mi compañera de despacho… De mi ambición, de mi pasión o de mis dudas. Hay alguien en el mundo que piensa en mí y que sabe cómo me siento y cómo soy…».

Ese reflejo tiene además otra cualidad y es que, en ese espejo, la imagen del lector aparece rodeada de otras muchas personas con el mismo perfil. El lector no está solo. En ciertas circunstancias, a veces es suficiente con saber que a otras personas les pasa lo mismo, que no somos ni los primeros ni los únicos, que no somos bichos raros.

El libro de autoayuda presta al lector la ilusión de que el desenlace favorable de sus problemas no sólo es posible sino que podría ser, además, más o menos inmediato. Y, lo que es mejor, está en sus propias manos. Infunde la creencia de que se puede ser dueño del propio destino.

Otra función característica del libro de autoayuda es ¡regalarlo! «Pensé en ti», «Me pareció que podía ayudarte», «Yo no lo he leído, pero a lo mejor a ti te sirve». Son frases con las que se envuelve el libro de autoayuda igual que con un lazo o con papel de celofán. Es una manera de preocuparse por el otro sin agobiarle, sin comprometerlo. Una suerte de «no soy yo quien lo dice, lo pone aquí…».

Tuve una paciente que llegó a tratamiento gracias a un libro de autoayuda. Se había separado y durante una época lo pasó francamente mal. Estuvo deprimida, le costaba salir de la cama, no quería ver a nadie, ni que nadie la viera «derrotada». Por entonces, alguien le regaló un libro de autoayuda. Trataba del optimismo y de la felicidad. No me contó si llegó a leerlo. Pero sé que, con sólo recibirlo, el libro cumplió su cometido: tras mirarse a sí misma horrorizada en ese libro decidió buscar ayuda profesional. Se lo había regalado alguien a quien le importaba mucho su bienestar. Alguien que no soportaba verla sufrir, alguien capaz de juntar todos los ahorros de su vida con tal de comprar ese libro y asegurarle a ella la felicidad: ese alguien era Clara, su hijita de siete años.

También de los libros de autoayuda se pueden tomar consejos útiles, prácticos, que nos facilitan la vida y que podemos adoptar e integrar como si nos fueran naturales. Todavía recuerdo el primer libro de autoayuda que leí. Se titulaba *La mujer total*, hablaba de cómo hacer al marido tan insoportablemente feliz, que no pudiera abandonarnos ni aun cuando se lo propusiera. Lo leí cuando de mí no se podía decir ni tan siquiera que era una mujer parcial, creo que no tenía más de nueve años. Una amiga del colegio lo había descubierto escondido entre los secretos de su madre y allí que lo llevó a la clase. Por las tardes, unas cuantas niñitas, conscientes de nuestra verdadera misión en la vida, reemplazamos las páginas todavía tibias del Catecismo de la primera comunión, por la Biblia de *La mujer total*. Mientras los chicos hojeaban sus primeras revistas porno, nosotras nos dedicábamos a aprender los secretos de la felicidad conyugal. ¡El libro estaba plagado de trucos!, pero yo sólo recuerdo tres:

1. Es necesario hacer cada mañana una lista de las obligaciones.

2. Esa lista tiene que estar priorizada en orden de importancia y nunca pasar al apartado número 2, antes de haber completado el apartado número 1.

3. ¡Ah!, y lo más urgente de cualquier lista siempre será recoger las camisas del marido en la lavandería.

Probablemente el resto de los consejos fueran igual de productivos pero, lo siento, no soy capaz de recordarlos. Me parece que ésos fueron los únicos que entendí. Me sirvieron de mucho: desde los nueve años priorizo todas mis listas y ¡jamás dejo la lavandería para mañana!

El verdadero objetivo del libro de autoayuda no consiste en situar firmemente al lector en el reino de la felicidad, aunque ésa sea su intención declarada. El libro de autoayuda tampoco sustituye la compañía de un amigo ni un proceso terapéutico. Lo que sí logra, y con mucho éxito, es dar unos cuantos trucos que pueden ser de utilidad, además de un paseo efímero y reconfortante por el país de la ilusión... Y no es poco. La vida es dura, en ocasiones espantosa, pero es el único lugar en el que uno puede enamorarse, ver el mar, bailar y tener nietos. Tal como yo lo veo, cualquier cosa que eche una mano en el camino de sufrir menos y renovar la esperanza ¡bienvenida sea!

15

Los terapeutas

Ahora que sabemos lo importantes que son las amigas para muchas mujeres en cuanto a sus relaciones de pareja y la utilidad que para otras tantas supone contar con los distintos tipos de oráculos, nos toca preguntarnos: ¿y los terapeutas?, ¿qué utilidad tienen?, ¿cuándo y por qué consulta una persona a un terapeuta?

Cuando una persona busca ayuda profesional suele ser porque ya ha echado mano de las amigas, del horóscopo y de unos cuantos libros de autoayuda y aun así sigue sufriendo. Porque ni las amigas, ni las cartas del tarot, ni los consejos de los libros han logrado que deje de sufrir. Y en el caso del tipo de terapia con la que yo trabajo (soy psicoanalista), suele ocurrir que el paciente acude cuando también ha visitado a un psiquiatra y tampoco la medicación, que ha aliviado sus síntomas, le ofrece cambios ni mejorías en determinados aspectos de su vida. Sin embargo, veremos que quienes se ponen en terapia, con frecuencia, vienen buscando además una mezcla de amigo eficiente, consejero infalible y medicación tranquilizadora.

Lo cierto es que el terapeuta ha de hacer su trabajo sin invadir el terreno de las amigas y sin ofrecer esas promesas reveladoras propias de los oráculos. Cada cual ha de ejercer su labor dentro del ámbito de sus funciones. Doble ración de pimienta no suple la sal, ni al contrario.

La función del terapeuta consiste en ayudar al paciente a pensar y a comprender su propio relato. ¿Cómo pudo llegar hasta allí? ¿Cuál es la historia infantil que se ve obligado a repetir? Para poder pensar y hacer bien su trabajo, un terapeuta debe resistir la corriente de simpatía que el paciente despierta en él y mantenerse en su lugar de terapeuta sin pisar territorios ajenos. Eso no se llama frialdad, sino profesionalidad.

¿Perdonas o consientes?

Recuerdo cuando Irene (enferma del pecado de sumisión) solía contarme su lista de agravios:

> Juan me gritó en público y me hizo quedar en ridículo delante de sus amigos y lo perdoné. Prometió acompañarme a la cena con mi familia y al final dijo que no iba y tuve que ir sola. Pues no se lo tuve en cuenta y lo perdoné. Una semana después tuvo la cara de pedirme que fuera yo a recoger a su hermana al aeropuerto y fui, aunque no me lo reconoce, pero yo se lo perdoné.

Varias sesiones después podía insistir en la misma tónica. Recuerdo que mientras Irene hablaba de esa manera, se iba elevando por encima del sillón en el que estaba sentada. Irene levitaba. Le empezaron a salir unas alitas en la espalda y una coronita de luz brillaba por encima de su cabeza. Ella era buena, ¿Qué digo «buena»? ¡Buenísima! Comprensiva, compasiva y magnánima.

Con cada historia que contaba, la figura del Juan de Irene se transmutaba. Le crecían los colmillos, se hacía cada vez más peludo e iba perdiendo el don de la bipedestación. Juan era una bestia. Estaba claro quién era el malo, un malo muy malo, despiadado, insensible, un monstruo, un animal. ¿Cómo pueden relacionarse dos seres que viven en sitios tan apartados? La una, en las alturas, por allá arriba, encaramada en una nube. Él, en cambio, en lo hondo, en el rincón más oscuro del infierno, donde las llamas han perdido el violeta y ya no son ni tan siquiera llamas, son ceniza.

¿Qué se puede hacer ante una situación así? En la historia anterior, la de «Eva y Adán», vimos lo que unas buenas amigas fueron capaces de hacer: presentarse en el despacho del malo y ponerlo en su sitio.

Ante una situación tan desigual, ¿qué puede hacer un terapeuta? Lo cierto es que yo sólo contaba con las palabras de Irene y su significado, con su relato de la historia actual y lo que me había contado de su historia infantil. Yo sabía de Irene que era la única hija de una madre viuda, y que desde muy pequeña se había sentido una pesada carga y, por otra parte, el único consuelo para aquella mujer deprimida que había perdido a su marido prematuramente. No sabemos cómo vivió la madre de Irene esta situación, pero sí el efecto que tuvo en su hija. De sentirse un peso para su madre, la responsable de su desgracia y la culpable de que la madre no hubiera podido rehacer su vida hasta hacía muy pocos años, Irene había pasado a sentir que ella ocupaba el lugar del «marido» y estaba a cargo de su madre, obligada a procurar su bienestar, para lo cual se esforzaba en exceso. Esto que le pasaba con su madre, le pasaba también, como vimos, con sus amigas, con el trabajo, y ¡por supuesto con su Juan!

El haber perdido tan pronto la una al marido y la otra al padre hizo que madre e hija se unieran de una manera muy particular, tanto, que con frecuencia no sabían entre ellas dónde empezaba la una y dónde acababa la otra. O, mejor dicho, Irene no lo sabía, parecía que su madre sí, pues era tan capaz de pedirle que durmiera con ella en la misma cama como de mandarla a su habitación sin cenar según soplaran para ella los vientos de soledad o de compañía.

El caso es que durante esas sesiones, las palabras que Irene repetía respecto a Juan, ese «yo lo perdoné, yo lo perdoné», resonaban de una forma insistente. Entonces se me ocurrió repetirlas para que ella se escuchara a sí misma. Así, cada vez que ella pronunciaba:

—Yo lo perdoné.

Yo repetía como un eco con signos de interrogación:

—¿Usted lo perdonó?

Al principio Irene no se dio por aludida y pasó por alto mi manera de preguntar, pero en un momento dado ella misma puso en cuestión tanto perdón y dijo: «No, no es que yo le perdone todo eso, es que yo le consiento que me haga todo eso».

Cuando Irene dice: «Yo no perdono, yo consiento», no sólo está cambiando una palabra por otra, sino que cambia una cierta posición ante la vida por otra muy diferente. Si en vez de pensar que perdona, Irene descubre que consiente, para empezar, deja de ser sólo víctima de una situación ante la que no tiene nada que hacer, para pasar a sentirse cómplice de esa misma situación que deplora. Así, deja de ser objeto pasivo para ocupar el lugar de un sujeto activo. Irene descubre que en la película de su propia vida, ella no es un «extra» que pasaba por allí por casualidad, sino la actriz principal. Es verdad que el guión lo han escrito las circunstancias de su historia infantil y las características de su historia actual, pero ella sólo podrá participar en el libreto una vez que caiga en la cuenta de que Juan no es su madre, de que esa historia ya pasó y de que las cosas pueden ser de otra manera.

Aunque aparentemente ella es una víctima pasiva que está siendo malquerida, lo cierto es que cuando Irene reconoce que lo que ella hace es «consentir» una y otra vez, lo que está diciendo es algo parecido a: «Yo no quiero ser una carga para ti, y estoy dispuesta a hacer lo que haga falta para no resultarte "pesada". A mí no me duele nada de lo que tú hagas porque me lo merezco y yo puedo soportarlo todo». Entonces Irene descubre que su capita de supermujer no la convierte en todopoderosa, sino en una niñita con Síndrome de Estocolmo que quiere complacer a su madre para tenerla contenta a cualquier precio.

Cuando Irene descubre todo esto, el halo de luz en torno a su cabeza se esfuma, las alitas desaparecen de su espalda e Irene desciende aquellos centímetros de divinidad, de sufrida dignidad, que la habían elevado a las alturas de su incómoda nube y vuelve a ser humana, tal vez más humana que nunca. Perder ese lugar en el firmamento es duro, no tiene gracia. Por suerte, este cambio también tiene ventajas. Ahora Irene sabe que ella podrá hacer otra cosa, algo distinto a perdonar pasivamente. Es probable que si rompe la cadena de «consentimientos», rompa también la compulsión de perdonar... ya no dará ocasión a la ofensa y al maltrato continuados.

La próxima vez, en vez de consentir en silencio, o perdonar magnánimamente, podrá decir con claridad: «Esto no me gusta y no estoy dispuesta a tolerarlo». Para esto es preciso que sepa que el cielo, o el amor del otro, no se ganan a través del sacrificio y que sentirse capaz de sufrir muchísimo, más que los demás, es una forma muy triste de quedar rebajado, por encima del otro y de obligarle a que la quieran.

El lugar del terapeuta

Si el terapeuta se quedara deslumbrado por la coronita de luz que emana de la frente de Irene, si la injusticia de su dolor le impidiera escuchar y pensar y se hubiera quedado en la apariencia del discurso manifiesto del «pobrecita Irene», no estaría haciendo bien su trabajo. Estaría ocupando el lugar de una amiga, tal vez, pero no el de terapeuta. Es fácil pasar a engrosar la lista de amigas de Irene, pero el papel de terapeuta quedaría vacante y la tranquilidad mental de Irene, desatendida.

Hay terapeutas que se comportan como amigos y abandonan el lugar imparcial que les permite pensar y entender del paciente lo que el paciente no es capaz de saber de sí mismo. Cuando el terapeuta no toma partido, no es que se encierre en una posición distante y fría, sino que se ocupa de esa persona que tiene delante y que ha venido a buscar respuestas. Sólo con ella, por ella, podrá hacer su trabajo, que consiste en descubrir qué historia está repitiendo que la obliga a permanecer sufriendo en una situación determinada. ¿Qué repite? ¿Cuál sería esa primera historia de amor única, inimitable —seguramente junto a mamá y papá— que la dejó marcada de esa forma?

Para dar respuesta a esas preguntas emprendemos junto al paciente una exploración por esos territorios desconocidos de su historia infantil sin una idea preconcebida de dónde nos va a conducir. Vamos destejiendo con él los apretados nudos del pasado que lo mantienen amarrado a una situación de infelicidad.

En la terapia de corte psicoanalítico se desdibujan los rasgos universales, pierden peso frases como «todos los neuróticos…», «la mayoría de las malqueridas», «típico de los masoquistas…», «los adictos siempre…», «los obsesivos nunca…» y a cambio empiezan a cobrar fuerza los trazos más personales de cada paciente en particular, los rincones escondidos de cada historia infantil, tan íntima e intransferible como las huellas digitales. En ese relato que se irá forjando con el tiempo habrá «una» madre particular y no «las madres», un padre peculiar y no «los padres», unos hermanos y un lugar preciso en la constelación familiar. No es lo mismo ser hijo único, ser el hermano mayor, ocupar el tercer lugar o ser el más pequeño de una familia numerosa. Incluso personas que ocupan un mismo lugar en la familia tienen formas distintas de encarar su situación familiar. El hijo menor de una familia numerosa, por ejemplo, puede ser el mimado por todos, o el que siente que llegó a destiempo, o puede que tenga la sensación de ser el que sobra, o que le parezca que tiene que demostrar que él vale tanto como los hermanos mayores, o puede tener la impresión de que está destinado a salvar a la pareja de los padres… No hay una manera unívoca de ocupar un lugar. Vamos a descubrir las claves de la biografía del paciente con el mismo asombro y la misma perplejidad que el interesado. Sus sueños, sus recuerdos, sus lapsus, son algunos de los instrumentos que aporta el paciente a la investigación y que nos sirven de guía en este viaje. Nos dejamos llevar donde el discurso más espontáneo del paciente nos conduzca. En ocasiones, por ejemplo, dice más un «olvido» que un recuerdo preciso.

Esa historia infantil de la que tanto hemos hablado no aparece en forma de cuento con planteamiento, nudo y desenlace. Esa historia va apareciendo de a pocos, como piezas sueltas de un rompecabezas que hay que armar con paciencia hasta descubrir si este azul corresponde al cielo o al mar, si se trata de un paisaje, de una reproducción de Van Gogh o de un retrato. Pieza a pieza, sesión a sesión, vamos del presente al pasado, del pasado al presente, hasta llegar a ese núcleo encendido que mantiene unido un tiempo y otro tiempo a través de la repetición. Es una investigación única, fascinante, irrepetible, tanto para el paciente como para el psicoanalista.

Como vimos en el caso de Irene, no es un problema de contenidos, sino de que el paciente pueda llegar a la posición de descubrir, y que descubra por sí mismo cuáles son los rasgos de su historia que se repiten. Cuando Irene llega a la conclusión de que ella no «perdona» como pensaba sino que «consiente» que el otro la invada como hacía su madre, Irene se «apropia de su propia realidad» —según sus palabras—; de una realidad única que en nada se parece a lo que le ocurre a muchísimas otras mujeres que pasan por una historia de amor similar. Las plantillas universales tienen una vida corta, el molde de cada quien sin embargo tiene un camino largo por recorrer, pero es un camino seguro, singular y apasionante.

Un terapeuta tampoco debe emprender el viaje con las manos vacías. En su mochila de explorador debe llevar, para empezar, la experiencia de un profundo autoconocimiento que le brinde la oportunidad de conocer los vericuetos y las tretas de su propio mundo emocional. Ésta será su principal herramienta para descubrir y reconocer las trampas del mundo emocional de sus semejantes. Como el cirujano que esteriliza y afina el instrumental antes de operar, un psicoanalista debe haber puesto su propio psiquismo, su instrumento de trabajo, en las mejores manos. Será su única garantía de que hará con su paciente el trabajo más serio y eficaz que él sea capaz de hacer.

Un alivio inmediato

Ante las bondades del alivio inmediato que el oráculo garantiza, parece que el terapeuta tiene poco que ofrecer. El analista, para empezar, en vez de leer el futuro, lee el pasado. Al destino no lo busca en el porvenir sino en lo que ya ocurrió y se fue, ¿o tal vez no se ha ido? Lo cierto es que el paciente también espera por parte del terapeuta una «imposición de manos», unas palabras milagrosas, una poción que le arranque el sufrimiento en un abrir y cerrar de ojos, un «sana, sana» que aparte de él ese cáliz...

¿Psicoanalista o mago?

Esta disyuntiva entre la magia y la terapia siempre me hace recordar un cuento de Woody Allen que no me canso de leer. Se trata de «El experimento del profesor Kugelmass» y pertenece a su libro *Perfiles*. El cuento transcurre más o menos así: un profesor universitario lleva ya varios años tumbado en un diván psicoanalizándose. Un día insiste en que lo único que él desea es tener una aventura amorosa que le saque del tedio. Una hazaña romántica, a ser posible con una joven mujer extraordinaria. El analista, que conoce muy bien a su paciente, lo mira desalentado y le dice: «Oiga, después de todo yo soy un analista, no un mago».

Las palabras del terapeuta resultan muy esclarecedoras para Kugelmass. ¡Es cierto, él no necesita a un analista sino a un mago! Y da por terminada la terapia.

Ahora que sabe lo que quiere, contrata los servicios de un mago de reconocido prestigio: el Gran Persky. El mago entiende a la primera lo que su cliente le pide y consigue hacer realidad su fantasía. Inmediatamente, el hasta ayer triste y aburrido profesor Kugelmass, empieza a vivir una apasionada aventura amorosa con Emma Bovary, heroína de la novela de Gustave Flaubert. Al principio, como suele sucederle a Emma, la pasión se impone y la relación va viento en popa. Con el tiempo, como suele sucederle a Emma, decae la pasión y la relación se enfría. La invasión de la realidad por la ficción y de la ficción por la realidad se hace insostenible. Emma se empeña en conocer Manhattan y su amante comete el error de complacerla. La chica se dedica a gastar cantidades desorbitadas de dinero en Nueva York y el modesto profesor no puede hacer frente a las deudas generadas por el consumismo desbordado de su amante. La relación se deteriora y empiezan a estar hartos el uno del otro. El profesor Kugelmass no sabe qué hacer con su vida y vuelve a sentirse otra vez ansioso y angustiado. Desesperado, eleva su queja ante el Gran Persky. Su angustia empieza a ser insufrible así que exige al mago una solución. El mago le responde: «¿Y qué quiere que yo le diga? (…) En lo que a sus angustias personales concierne, lamento no poder ayudarle. Yo soy sólo un mago, no un psicoanalista».

¿Qué necesitaba el Profesor Kugelmass: un mago, un psicoanalista o un amigo…?

El profesor Kugelmass es un personaje de ficción, pero no sólo los personajes de Woody Allen buscan a un analista cuando en realidad querrían a un mago o consultan a un mago cuando lo que necesitan es un psicoanalista.

¿El diván o la vela?

Recuerdo a una paciente, Margarita, que estaba a punto de terminar su psicoanálisis y soñó que se despedía de mí. En su sueño yo le recomendaba que, en el futuro, cuando tuviera algún problema, encendiera una velita. Empezó a hablar de lo que el sueño le sugería y dijo que, en ocasiones, algunas de las cosas que yo le decía tenían en ella el efecto de «encenderle una luz en la cabeza» y ayudarle a entender algo que siempre había estado a oscuras. Siguió hablando y precisó que en el sueño, al contrario que en la realidad, el ambiente de mi consulta era «como muy esotérico, todo estaba como en penumbras». Me contó que lo de encender velitas a los santos, que oficialmente está ligado a la religión católica, en su país tiene más vinculaciones con la magia y la santería. Recordó que su abuela tenía en su casa un pequeño altar en el que figuraban por igual las Vírgenes, las figuras más importantes de la teología popular, algún héroe de la independencia y varios actores de Hollywood. Su abuelita recurría indistintamente a cualquiera de sus mentores para encomendarle sus problemas. Podía pedirle a Cary Grant por el examen de un nieto con la misma soltura con la que le rezaba a la Virgen de su pueblo para hacer frente a una letra a fin de mes. Siempre pedía sus favores encendiendo velitas. Margarita lo contaba riéndose, con ternura, con nostalgia, y reconoció que, cuando era pequeña, aquellas velitas le daban muchísima seguridad.

 Así, vimos que ante la inminencia de su despedida, Margarita me identificaba con una abuela que resuelve problemas, que da seguridad. Una figura protectora a la que ella siempre estaría ligada, y a la que siempre podría recurrir por mucho que se despidiera y se alejara de mí. Pero, a la vez, buscaba que yo le diera la receta de una solución mágica —sencilla, inmediata e infalible—: «Encienda una velita».

 Margarita continuó diciendo:

Cuando vine a verla me imaginaba que un psicólogo te escucha, te dice unas cuantas cosas que tienes que hacer, te dice lo que estás haciendo mal y ya. Yo pensaba que el psicólogo me iba a solucionar el problema. Ahora sé que el sistema aquí es otro, que yo soy parte activa, que no puedo esquivar mi parte y eso lo hace todo más difícil, pero también mucho más interesante. Al final cualquier cosa que consiga será más sólida y la habré conseguido yo.

Guardó unos minutos de silencio y entre risas confesó:

Pero la verdad es que hubiera preferido que esto hubiera sido tan fácil como encender una vela.

Margarita reconoce las bondades de la terapia, pero a la vez le habría encantado una solución mágica. Está orgullosa de lo que siente que ha conseguido por sí misma, en mi compañía, pero hubiera preferido no tener que sufrir en el proceso, ni esperar para obtener los resultados. Confía más en la solidez de sus hallazgos que en las velitas, pero añora la facilidad con la que su abuela solía resolver los problemas con esas mágicas velitas.

El psicoanálisis

Dicen las malas lenguas que el psicoanálisis, la técnica con la que yo trabajo, no está de moda, que ha caducado. Mi experiencia cotidiana me cuenta otra cosa. Cada vez conozco a más gente que necesita de un espacio propio en el que poder hablar de sí mismo sin prisas y en profundidad. Personas que necesitan escucharse. Cada vez hay más personas entusiasmadas con el proyecto de adentrarse minuciosamente en su pasado para poder cambiar su futuro. Cada vez hay más personas que buscan algo más que la efímera eficacia de lo inmediato. A veces resulta lento, largo, caro y doloroso, pero el psicoanálisis es apasionante y sus logros son firmes y duraderos.

Confieso que yo también sueño con curas milagrosas. Reconozco la utilidad de otros enfoques, de otras técnicas que eliminan el sufrimiento inmediato, pero que no son capaces de liberar a la persona de determinadas maneras de pensar, de querer y de relacionarse.

La experiencia me ha demostrado que el psiquismo humano no funciona de cualquier manera, que la magia se evapora como espuma, mientras que el núcleo duro y ciego del inconsciente sigue haciendo de las suyas. El inconsciente es el único lugar en el que el camino más corto entre dos puntos no es la línea recta de las buenas intenciones, sino las espirales de los sueños, de los traspiés del lenguaje, de la infancia, de las historias personales…

16

La caída de un dios

*La esperanza es una medicina muy fuerte,
que en su forma pura, sin diluir,
puede hacernos daño.*

Michael Köhlmeier

Hemos hablado de cómo una mujer transforma a su elegido en un dios. Hablamos de un amor ciego, incapaz de reconocer los signos más evidentes de su propia enfermedad. Hemos hablado de un pedestal imaginario forjado en silencio, que sirve para encumbrar a un ser que era uno más mientras tenía los pies sobre la tierra, pero que, subido a ese podio, se parece muchísimo a un dios. Hemos hablado de los pecados más frecuentes que suelen cometerse en una relación; pecados indispensables, ingredientes necesarios para enamorarse de alguien, pero que cuando se enquistan hacen más daño que bien. Pero ni siquiera estos males duran cien años, y en algún punto de la historia, más tarde que pronto, algo de ese encumbramiento cae. Es el momento en el que la realidad se impone en toda su desnudez y los rostros se miran tal cual son. En las situaciones normales siempre hay algo que cae con el paso del tiempo, cae la idealización de los primeros momentos dando paso a un amor más realista. En este caso hablamos de una caída más aparatosa.

A ese momento de desilusión vamos a llamarle «caída» porque son varias las cosas que «caen» y que dejan de ser como fueron. Cae el velo que no permitía ver con claridad, cae el ídolo del pedestal y, además, durante el duelo por la separación, se tiene la horrible sensación de estar cayendo vertiginosamente por un agujero sin final. No se trata de cualquier caída, parece que a ella, a la mujer, le quitaran súbitamente el taburete en el que ha estado de puntillas, sobre un solo pie, sujetando a duras penas el pedestal. Ella cae estrepitosamente, de bruces, y como consecuencia él también cae, sí, pero incluso en la caída él se hace mucho menos daño porque cae en blando sobre el cuerpo desvencijado que ella ha puesto a modo de alfombra sobre el suelo.

Las rupturas son siempre traumáticas y dolorosas, aunque sean elegidas, aunque sepamos que son inevitables. Las separaciones en una pareja casi nunca se producen con un corte limpio como el de un bisturí que aparta con nitidez un pedazo de otro pedazo. Las parejas están pegadas con chicle y cuando a duras penas consiguen despegarse por un lado, ya están rápidamente pegadas por otro y cuando están dispuestas a perder una hilacha de piel con tal de liberar del yugo a ese otro lado, ya hay otra parte de su cuerpo, o de su fantasía, adherida al otro con el mismo vigor del anterior. De manera que todas estas despedidas toman su tiempo.

Hablaremos de «caída» y no del final de la relación, porque aunque parezca que son lo mismo, son situaciones distintas. Como casi todas las cosas que atañen al amor, también la caída parece arbitraria y caprichosa y se manifiesta con sus propios ritmos y su propia temporalidad. Esto significa que la caída no tiene que coincidir necesariamente con el final de la relación; puede presagiar el fin y dar paso a la ruptura; o puede producirse muchos meses después de que la relación haya terminado. Una mujer abandonada por su pareja puede seguir sufriendo y adorando a su dios en secreto durante meses, incluso años, después de que la relación ya esté acabada, con el único fin de no enfrentar esa caída que suele ser tan dolorosa. Y lo cierto es que hasta que no se produzca esa caída, no habrá espacio interno disponible para entablar otra posible relación.

Los efectos de la caída los sufren todos los fieles de esta religión privada. Cuando ese dios es desalojado del pedestal, el hombre pierde la gracia de que gozaba en la mente de su pareja, pero también en la mujer hay algo que sucumbe. La sierva, la encargada de sacar brillo al ídolo con su propia piel, también pierde su sitial al quedar «desempleada», al verse forzada a reconocer que su dios no era un dios verdadero. Supone tener que renunciar a la vivencia de completud que le procuraba la parafernalia del pedestal. Sentirse la pila, el corazón que insufla vida a un juguete tan especial, le confería sentido a su propia vida y la sujetaba, y esa sensación de unidad, de seguridad, desaparece con la caída. Correlativamente, su Amor, su Amor con mayúsculas, pierde su brillo cegador y se humaniza. Reconocer que no se trataba de un amor divino, sino de un amor humano, muy humano, que además estaba gravemente enfermo, cuesta mucho y da muchísima pena.

Durante la caída se pasa de la ceguera selectiva, a la lucidez, haciendo una parada en la perplejidad: «¿Cómo no me había dado cuenta de cómo me trataba? ¿Cómo pude creer que todo iba a cambiar? ¿Y éste era el hombre por el que yo estaba dispuesta a dar la vida? Y ahora, ¿qué será de mí?». No es raro escuchar frases como éstas en boca de mujeres cuyo ídolo ha empezado a caer.

A veces es difícil comprender la magnitud de la angustia y el vértigo que produce la caída. Desde fuera es difícil comprender por qué tanto sufrimiento si apenas se trata de un hombre y una mujer que se separan y eso es algo que ocurre todos los días, muchas veces cada día. ¿Por qué tanto dolor por el final de una relación maltrecha que generaba tanta infelicidad y que en el fondo estaba rota desde hacía ya mucho tiempo? Estas preguntas sólo pueden responderse cuando se comprende la dimensión de la sensación de vacío y de bancarrota emocional a la que se sienten enfrentadas algunas mujeres, ante el final de una relación.

Hay mujeres que para huir precisamente de esos sentimientos, dan vueltas y vueltas y vueltas, evitando dar por terminada una relación. En ese camino hacen una especie de vía crucis con varias estaciones en las que pueden demorarse o detenerse con el fin de postergar en lo posible la caída. A las estaciones más frecuentadas podríamos llamarlas: «Es que yo lo quiero», «es mi inversión», o «el sentimiento de culpa». Como en el caso de los pecados capitales, también estas estaciones suponen una clasificación arbitraria y sobre todo incompleta, pero son lo suficientemente gráficas como para que casi cualquier mujer pueda identificarse con estos momentos que se repiten con tanta frecuencia y que suelen ser los responsables de que ella siga atada a una relación destructiva y sin futuro.

«Es que yo lo quiero»

Todos conocemos a algunas mujeres pésimamente malqueridas que se empeñan en mantener una relación imposible a pesar del sufrimiento y de la insatisfacción que les produce. Cuando alguien de su entorno, atónito ante tanta obstinación, reclama alguna explicación, suele recibir una respuesta lapidaria: «Es que yo lo quiero».

«Ya sé que sufro, sé que me trata fatal, que no me merezco que me traten así. Duermo mal, hace meses que perdí el apetito, lloro, la angustia me devora. Lo sé todo, pero no puedo hacer nada porque ¡es que yo lo quiero!». Más que un argumento, ese «es que yo lo quiero» es un veredicto. Sentencia firme sin posibilidad de apelación. Palabra de dios.

Quien así habla está convencida de que el suyo es un amor capaz de mover una montaña e incluso de cambiar a un hombre. Su amor no es de este mundo. Porque es un amor que todo lo soporta. Su amor es dios. No hay amiga, ni terapeuta, ni chamán que pueda enfrentarse al ejército indestructible de una frase así. No hay evidencia que valga, porque un amor de esa categoría está más allá de la razón. Y un amor que pasa por encima de la razón, es un amor que está loco.

¿Cómo diagnosticar de loco a un amor? ¿Qué define la pérdida de juicio en el amor? Imaginemos que el amor es como un baile, no importa cuán desenfrenado, apasionado y peculiar sea ese baile, siempre es algo que se hace entre dos, y para que ese baile funcione, es necesaria una especie de acoplamiento, de reciprocidad, algún tipo de sintonía, un cierto acuerdo de que ambos están haciendo algo juntos, de que se está bailando el mismo baile. Puede que bailen fatal y decidan tomar unas cuantas clases; puede que bailen a su aire, ajenos al ritmo de la música, pero que se lo pasen tan bien juntos que les dé igual hacer un poco el tonto; puede que sólo conozcan un paso y que independientemente de la música que suene ellos bailen siempre lo mismo. Todo eso es bailar, nadie pretende un baile de salón acompasado y milimétrico de esos artificiales que sólo sirven para los concursos. Es suficiente con que haya dos que estén de acuerdo y bailen juntos.

Ahora bien, cuando hay una que se está cayendo a trompicones por unas escaleras y otro que está mirando impasible desde arriba, y se empeñan en repetir el numerito, eso no es un baile, eso es un amor loco. Cuando él suele decirle: «Vete tú bailando un tango que ahora vuelvo» y la deja sola haciendo piruetas en la pista mientras él se va a la barra a tomarse una copa con otra, eso no es un baile, eso es un amor loco. Si ella se queda toda la noche sentada, rechazando otras invitaciones porque está esperando a que la saque a bailar ese que está bailando apretado con la rubia, quedarse sentada no es bailar, eso es un amor loco. Si se empeña en hacer sublimes pasos de vals en torno a uno que sólo está interesado en bailar rap, eso tampoco es un baile, eso es un amor loco. Si alguien la saca a bailar una y otra vez, y una y otra vez él se da la vuelta y la deja dispuesta, sola y sin saber qué hacer en medio de la pista porque se distrajo y se fue detrás de la primera que pasó por ahí, eso no es un baile, eso es un amor loco. Si cada paso es una zancadilla y siempre es ella la que termina «con la frente marchita» pegada al suelo, eso tampoco es un baile, eso es un amor loco. Si hace horas que ella está con una copa aguada y caliente entre las manos y se le acerca el encargado de la sala de baile para avisarle que ya cerraron hace dos horas y ella insiste en esperar porque está segura de que él regresará, eso tampoco es un baile, eso es un amor loco. Si él le propone un salto mortal y le dice «confía en mí» y en el último momento aparta los brazos y ella termina en el hospital, eso, definitivamente, no es un baile, eso es un amor loco.

Se trata de no perder el juicio de realidad y de reconocer el contexto. Un baile, una pareja, es una cosa de dos, de dos que puede ser que equivoquen el paso, que pierdan el ritmo, y lo retomen, que se tropiecen, que se den pisotones alternativamente, que se caigan por turnos, que se caigan a la vez y se vuelvan a levantar, pero de dos que se ocupan el uno del otro y que están de acuerdo en que están haciendo algo juntos.

Un amor delirante, un amor loco, es el que está convencido de que puede vencer en todas las batallas, como si fuera Napoleón. Y ya sabemos cuál es el porvenir que les espera a quienes se creen Napoleón: los pobres terminan encerrados en un psiquiátrico, narcotizados o con una camisa de fuerza. Igual destino merecería un amor capaz de llevar a su dueño al abismo. Si un amor se comporta como un loco, habría que tratarlo como tal, encerrarlo bajo llave y protegerlo de los desmanes que pueda cometer contra sí mismo. La locura no es bella. Un amor de esa naturaleza parece fascinante, pero es patético y sobre todo peligroso. Cuando escuchamos «pero es que yo lo quiero» a una mujer que sufre los embates de un mal amor, nos la imaginamos amoratada, malquerida, pero con la cabeza muy en alto y una mano escondida en el pecho —como Napoleón— señalando el corazón, sujetando su corazón, para que no se le caiga en pedazos.

Ese «es que yo lo quiero», se pronuncia a ciegas, sin tomar en cuenta ni la realidad, ni el veredicto de la margarita.

La margarita

Ya hemos visto a lo largo de estas páginas que la vieja fórmula de interrogar a la margarita: «¿Lo quiero?, ¿no lo quiero?, ¿me quiere?, ¿no me quiere?», es una fórmula engañosa, que arroja una información viciada e incompleta. Para que las respuestas de la margarita sean fiables, hay que hacerle preguntas más complejas: «¿Me quiere como yo quiero que me quiera?», «¿Me quiere realmente a mí?», «¿Me quiere como yo necesito que me quiera?», «¿Me quiere como yo me merezco que me quiera?». En fin, la pregunta nuclear de este libro: «¿Me quiere bien o me quiere mal?». Para eso es preciso hacerse unas cuantas preguntas antes de interrogar a la margarita: «¿Qué cosas no estoy dispuesta a tolerar?», «¿Qué espero yo de una relación?», «¿Es aceptable que un hombre me ponga la mano encima?». Las respuestas a estas cuestiones hay que buscarlas primero dentro de nosotras mismas y luego en la realidad de los hechos concretos y no en las palabras, tan fáciles de pronunciar, tan agradables de escuchar y a veces tan huecas. Con una cierta frecuencia el «es que yo lo quiero» tapona cualquier cuestionario de esta naturaleza y hace que la interesada se olvide de ella misma y de sus propias expectativas y exigencias.

«Es mi inversión»

En este tipo de relación amorosa, la mujer implicada invierte todo el capital emocional de que dispone en la empresa de forjar una pareja. Se juega todas sus posesiones a un solo número, su tiempo, su presente, su futuro, su empeño, su orgullo, su ilusión, lo mejor de sí misma. Todo lo invierte en esa complicada operación afectiva, y está dispuesta a hacer lo que esté a su alcance con tal de no perder lo que lleva invertido.

Si la relación en cuestión resulta ser un mal negocio, sucede como con cualquier empresa en quiebra: también ésta pide a gritos otra inyección de capital, un poco más de esfuerzo, más tiempo, mejores sacrificios, más amor. En ese caso, el inversor —la mujer— está dispuesto a cualquier cosa para salvar su renta. Mientras más capital aporta, más habrá invertido y más difícil le será declarar a la pareja en quiebra y reconocer el desastre. La inversión que se ha hecho es muy fuerte como para abandonarla y aceptar que se ha perdido el tiempo, la esperanza y el esfuerzo. Entonces se invierte un poco más para «revitalizar» el negocio y aumentar los enteros, y un poco más y otro poco, y la rueda sigue, y mientras más se invierte, menos se puede abandonar lo invertido y la apuesta por recuperar algún día la inversión, ¡con intereses!, es cada vez más peligrosa.

Cuando finalmente se declara la pareja en bancarrota, pasa un tiempo en el que la persona suele sentirse en la ruina, empobrecida y furiosa consigo misma por tener una visión tan mala para ciertos «negocios». Sin embargo, pronto, muy pronto, le invade una curiosa sensación de alivio, de bienestar, propia de quien ha abandonado a tiempo un barco que se hunde y se ha salvado. Allí, justo en ese momento empieza el verdadero final de la relación, empieza la caída, aunque la relación haya acabado años atrás. La relación termina cuando se vuelve a tener un cierto capital disponible para invertir en otras empresas; en sí misma, por ejemplo, en negocios vitales más seguros y más gratificantes.

Es el caso de esas parejas que a todas luces van mal y que deciden irse a vivir juntos para arreglar la situación. Una vez bajo el mismo techo la relación no mejora, y entre unas y otras cosas llega un día en el que tienen una pelea monumental y una reconciliación con fuegos artificiales que les lleva a estrechar más los lazos, en ese momento descubren que lo que ellos necesitan es un compromiso más profundo y deciden casarse. Nada cambia. Tal vez… si tuvieran un hijo… tal vez… entonces… si tuvieran otro… Y así van, cada vez más enredados en una telaraña que les impide desatar los nudos equivocados que ellos mismos tejieron.

Suele suceder que la persona implicada en relaciones retorcidas no es capaz de reconocer su mala inversión. Si alguien le contara su propia historia cambiando los nombres de los protagonistas, seguramente se llevaría las manos a la cabeza y vería muy claramente el desastre; incluso sería capaz de proporcionar algún consejo muy pertinente, pero ese mismo consejo ella no lo tendría en cuenta porque, según ella, ése no es su caso, porque según ella, su amor es un amor especial.

El sentimiento de culpa

El sentimiento de culpa es como una piedra en el zapato que estorba y que acompaña a partes iguales. Estorba, en tanto que mortifica y hace sufrir; pero también acompaña, en la medida en que mantiene a la persona atada, en la imaginación, al ser amado.

Esa piedra toma diversas formas y sus efectos pueden perjudicar o beneficiar a quien la padece. Saberse responsable de un error que se ha cometido no es una mala cosa, por el contrario, es el único camino para enmendar la falta y para intentar no repetirla en el futuro. Cuando se ha hecho daño a alguien, es saludable saber pedir perdón y reparar el quebranto que se le ha causado a la otra persona. Sin embargo, el puro remordimiento torturador, que sólo sabe dar vueltas sobre sí mismo y horadar la moral, es lo que no es ni sano, ni realista, ni productivo.

Cuando una relación de pareja se rompe, las cosas que atañen a los dos deberían distribuirse equitativamente: la custodia de los niños, las propiedades, los platos, los coches, los cubiertos… Sin embargo, con las culpas suele suceder que saltan por los aires y se reparten de una forma desproporcionada. Hay quienes siempre «se van de rositas» porque tienen una rara habilidad para culpar al otro y hay quienes siempre están buscando una culpa que anotar a su propia cuenta. Cada uno de ellos, ya lo sabemos, «es como es». En estos casos ya imaginamos con qué criterio se han dividido las responsabilidades.

Clara, una paciente a quien su pareja había dejado por otra, decía:

> Me levanto sobresaltada cada día pensando en él. Y lo que más me preocupa es que todavía me siento culpable. Para convencerme de que yo no soy la única culpable me digo a mí misma: «Esto es cosa de dos y la culpa será de los dos», pero no me vale de nada porque siempre encuentro algo que reprocharme. A veces me molestaban sus manías, y yo sabía que él era así. Si hubiera aprendido a disfrutar de las cañas con sus amigos, o si lo hubiera ayudado más en sus problemas familiares. Si yo no hubiera sido tan celosa, a lo mejor él no se hubiera ido con otra...

Clara se echa en cara no haber sabido complacer cabalmente a su dios. En su reproche hay un «si me hubiera humillado un poco más, si hubiera tenido más paciencia, si no le hubiera pedido tanto». Y desde afuera, todos sabemos que de haber hecho cualquiera de esas cosas, su situación habría sido todavía peor de lo que fue. Su sentimiento de culpa es una piedra, sí, que sólo cae sobre su propio tejado y que la deja sin techo y sin salida. El reproche consiste en no haber sido más poderosa todavía de lo que fue. El heroísmo sigue dominando la escena. Inspirada por este tipo de remordimientos, cualquier relación que Clara emprenda en adelante corre el riesgo de tener las mismas características de la anterior, porque su propósito de enmienda no consiste en corregir sus errores sino en ahondar más en ellos, en perfeccionarlos.

Inés, en su época de nostalgia después de haber puesto fin a una relación intermitente que se prolongó durante años, decía:

> Estoy saturada de esto. Quiero que llegue un día en el que ya no piense más en él, en el que no recuerde ni las cosas buenas ni las cosas malas. Quiero olvidarme, quiero vivir, pasar página y vivir. No me he sentido querida de verdad. Yo no digo que él no me haya querido, sino que yo no me he sentido querida. Me cuesta trabajo pensar que he pasado tanto tiempo con alguien que no me quería de verdad o que no me hacía sentir querida. La culpa es mía porque he sido una cabezota pensando: «Yo puedo, ya me querrá. Este mal trato es pasajero».

Después de pasar años soportando un maltrato soterrado y unas cuantas infidelidades, Gloria pudo, finalmente, separarse de un marido del que estaba enamorada pero que la trataba mal y le hacía sentir profundamente infeliz. Describía su sensación de esta manera:

> Antes me sentía culpable porque pensaba que no había hecho bastante, o que lo que había hecho estaba mal. Ahora sé que de lo único de lo que soy culpable es de haber aguantado lo inaguantable. Si al primer insulto le pongo con las maletas en la calle, hoy las cosas sucederían de otra manera.

En los dos últimos casos el sentimiento de culpa cumple una función diferente que en el caso de Clara. A través de las palabras de Gloria y de Inés sabemos que ambas pudieron delimitar y situar su responsabilidad en una justa medida. Su error, su peor error, lo habían cometido contra sí mismas y había sido el de «ser muy cabezotas» esperando un milagro, o el de haber «aguantado lo inaguantable». En fin, que ninguna de las dos se había respetado a sí misma como se merecían ni habían sabido hacerse respetar. Ambas se sentían responsables, cómplices, de la situación que habían vivido.

Es muy probable que, en el futuro, ambas estén preparadas para entablar relaciones más placenteras porque ninguna de las dos se empeñará en ser «muy cabezota» y ninguna de las dos se obligará a «aguantar lo inaguantable».

También hay casos como el de Sara, ¿la recuerdan?, la pareja de Javier, aquellos que iban y venían, que se peleaban definitivamente y regresaban a adorarse para siempre. Quienes suelen pecar de intermitencia, como Sara, son mujeres que utilizan la culpa como coartada para intentarlo una vez más, para pedir perdón y mantener con vida, aunque sea «entubada» y con respiración artificial, esa esperanza agonizante y perniciosa. «Prometo que la próxima vez lo haré mejor» es la tarjeta de presentación de estas reconciliaciones.

El otro lado de la culpa es el reproche. Ese «yo soy la culpable» se invierte por: «El culpable eres tú». Pero las dos caras de esa moneda pueden buscar la misma finalidad. El truco y la estrategia son similares y consisten en mantener un hilo con el otro a cualquier precio.

Detrás de todo reproche hay una advertencia, la intención soterrada de dar una especie de lección: «Esto no me lo vas a hacer nunca más». Cuando una relación ha terminado de verdad, no hay advertencia ni reclamo que valga. Mientras haya «moraleja», hay esperanza.

Lo cierto es que cuando una relación termina, cada una de las partes debería cargar con el peso de sus propios errores. Los reproches, el enfado, la pelea, el echar en cara: «Lo que me hiciste, lo que no me hiciste, lo que prometiste y no fuiste capaz de cumplir, las mentiras, el desamor, el mal amor...» son una parte imprescindible de las despedidas. Al menos por un tiempo, el enfado toma el relevo del dolor. Esto no consuela, pero, ¿para qué negarlo?, alivia mucho, pone las cosas en su sitio y reemplaza a la justicia divina que a veces es tan distraída.

También el reproche tiene su cara y su cruz. Por una parte está el reproche que sirve para tenderle un puente de plata al enemigo. Ese que se formula para que el otro se vaya muy, pero que muy lejos, y desaparezca para siempre con su parte de culpa, con su trozo de responsabilidad en el fracaso, con sus errores.

Hay en cambio otro tipo de reproche que sólo busca dar pena, lo utilizan aquellos que se quedan adheridos al reproche intentando sujetar al otro a través del hilo de una deuda. El objetivo de esa deuda es retener al otro, mantenerlo imaginariamente secuestrado bajo el peso de ese compromiso, de manera que esa deuda será impagable por definición.

Volvamos con Sara, que sólo tuvo por despedida el silencio de Javier. Ella sabía que si llamaba para reprocharle y echarle en cara su maltrato —como había hecho tantas otras veces—, sería como volver a abrir las puertas de un reencuentro: «Cómo pudiste», «eso no fue lo que quise decir», «esto no te lo voy a tolerar», «me has malinterpretado»; también de una reconciliación: «Te echo muchísimo de menos», «necesito verte», «no volverá a ocurrir» y de un futuro previsible: dos o tres semanas de gloria y un infierno infinito. De manera que, esta vez, con muchísimo esfuerzo, Sara sacó bien las cuentas y eligió conformarse con sumar a su dolor toda la rabia de no poder poner a Javier en su lugar.

¡No llamar y punto!

Como con cualquier problema de adicción, se necesita estar convencido de que se quiere abandonar la droga en la que se llega a convertir un mal amor. Hacen falta una gran determinación y mucha voluntad.

Ya conocemos a Sara, abanderada de los pecados de intermitencia y de adicción, que pasó años enganchada a Javier. Sabemos lo mucho que sufrió junto a él, sabemos lo difícil que fue para ella caer en la cuenta de la patética realidad en que vivía. Sabemos también que la relación terminó gracias a que Sara no volvió a llamarle. ¡Nunca jamás volvió a llamar!

Ese «no llamar y punto», que se dice tan pronto y que parece fácil, fue un verdadero calvario para ella. «No llamar» en absoluto, bajo ningún concepto, ni para reclamar, ni para despedirse, ni para interesarse por su salud, ni para pedir que le devolviera sus cosas, ni para exigir explicaciones. No volver a beber una gota más de Javier. Sencillamente «no llamar», a secas, fue el único remedio eficaz que terminó por curar los males de Sara. Llevar a cabo el tratamiento de abstinencia le costó un esfuerzo enorme.

Como suele suceder en estos casos, cada mañana, cada atardecer, Sara reunía tres o cuatro argumentos impecables que, en condiciones normales, la «obligarían» a marcar aquel teléfono que había borrado de su móvil y de su agenda, pero que tenía tatuado en la piel, como si fuera el número de identificación del prisionero de un campo de concentración. Sin embargo, como estaba dispuesta a «no llamar y punto», cada mañana, cada atardecer, Sara se tejía trenzas de dedos en las manos para no marcar ese número. A cambio, comía, leía, llamaba a alguna amiga, iba al cine o trabajaba como una posesa. Se iba de compras o, con esos mismos dedos, destejidos, hacía algo más placentero para ella, siempre «a cambio de…». Lo cierto es que por muchas alternativas que encontrara, ninguna la consolaba.

Pero el tiempo fue transcurriendo y Sara, heroica, admirable, consiguió «no llamar y punto». Gracias al paso del tiempo, aliado insustituible, Sara se levantó una mañana y descubrió que llevaba dos o tres días sin pensar en Javier… entonces volvió a recordarlo con dolor, ininterrumpidamente, hasta que otra noche, sin darse cuenta, se escuchó reír a carcajadas entre amigos, sin Javier, sin su sombra. Su carcajada se convirtió en una sonrisa satisfecha de estar orgullosa de sí misma. Así, volvía a echarlo de menos por oleadas. Un poco más por las noches, pero siempre un poco menos cada vez. Hasta que pudo sacarlo no sólo de su vida sino de su pensamiento. La última vez que hablé con ella, había vuelto a reírse a carcajadas, y esta vez de un chiste más que tonto de un compañero de despacho que según ella «le hacía gracia».

Orden de alejamiento

Lola, otra paciente que atravesaba un calvario de idas y venidas, de reencuentros, peleas y reconciliaciones parecido al de Sara, dijo en una sesión algo que me pareció muy interesante:

> Ahora entiendo que exista la orden de alejamiento, porque yo no soy capaz de no responder el teléfono. Yo puedo hacer un enorme esfuerzo y no llamarle, pero si el teléfono suena, me da un vuelco el corazón y respondo. Me gustaría que alguien me pusiera a mí una orden de alejamiento y otra a Luis, que nos prohibieran llamarnos, que el teléfono nos explotara en la oreja si marcamos el número prohibido.

Guardó silencio unos momentos y agregó:

> También entiendo a las mujeres maltratadas que retiran la orden de alejamiento. Creo que si pasaran dos semanas sin saber nada de Luis, yo también la retiraría...

Y continuó:

> Sé muy bien que el sentido de la orden de alejamiento consiste en que la ley proteja a la víctima del verdugo. Cuando me identifico con ellas, entiendo que a las mujeres maltratadas les falte la voluntad para mantenerse apartadas de sus maltratadores. Ya sé que su caso es diferente, ellas además tienen miedo, están aterrorizadas, pero a veces me pregunto si a pesar de todo no seguirán, como yo, enamoradas en secreto de su monstruo. Entonces me pregunto: ¿cómo podría una ley proteger a una mujer de sus propios deseos, cómo podría protegerla de sí misma?

El horror de las mujeres maltratadas es todo un mundo delicado y doloroso en el que ahora no vamos a entrar. En los casos que nos ocupan de mujeres malqueridas, cada cual tendrá que echar mano de su propio juez interior para dictar la orden de alejamiento que considere oportuna y decidir qué llamada hace y qué llamada no, a qué llamada responde y a qué llamada no. No parece que sea una decisión muy fácil de tomar.

¿El diablo o el demonio?

Todos contamos con una cierta manera de dirigirnos a nosotros mismos, con una voz que resuena en nuestro interior como si fuera la voz de un juez. A veces ese juez se comporta como un fiscal implacable que sólo sabe acusar y reprochar. Otras, toma la forma de un viejo amigo cariñoso y protector que nos defiende de nosotros mismos y nos ayuda a poner las cosas en su sitio, y, en casos extremos, parece que el juez está de vacaciones indefinidas y no hay ley.

Cuando nos referimos a una mujer que intenta desesperadamente desprenderse de una relación, y que con la misma intensidad desea mantener aunque sólo sea un hilo con el otro, es difícil saber qué juez habla cuando algo por dentro le dice: «No respondas el teléfono», «No le llames más», o por el contrario la anima: «Atiende, a lo mejor le pasa algo», «Llámale, total, la vida es muy corta».

Cuando Sara ponía todo su empeño en su política de «no llamar y punto» a Javier, me contaba en las sesiones lo mucho que le costaba decidir qué era lo que realmente era «bueno para ella» y qué era lo que le «hacía daño». Un día intentaba explicarme la lucha que se libraba en su interior y tuvo un lapsus muy revelador:

—Siento que me pasa como en los dibujos animados, por un lado tengo un diablo que me dice una cosa y por el otro lado tengo un demonio que me dice otra.

—¿Un diablo y un demonio? —repetí, consciente de que Sara no se había dado cuenta de lo que acababa de decir.

—¡No, no! ¡Quise decir un ángel y un demonio!

El lapsus de Sara, como todos los lapsus, estaba cargado de razón. Para ella se trataba de un diablo y de un demonio, de dos malos, a cual de los dos peor…

A veces el juez «diablo» prohíbe con la intención de proteger, sería el juez interior que dicta la orden de alejamiento y dice: «No le llames más, recuerda lo último que te dijo, no te mereces que te traten así», «no respondas a su mensaje como si no hubiera pasado nada, lleva seis meses desaparecido sin ninguna explicación». Lo que pasa es que esta alternativa de no llamar, de no atender, parece triste, es aburrida, no complace a los deseos más inmediatos de la interesada, que correría al teléfono. Visto así, este «diablo» parece un juez soso y antipático que no la quiere ver disfrutar del amor verdadero sino castigarla en un rincón solitario.

En cambio, el otro juez, el «demonio», es mucho más comprensivo y complaciente con ella y levanta la orden de alejamiento y le dice: «Llámale otra vez, total, qué más da otra llamada, otro encuentro», «si te apetece, no te prives, tampoco lo que te hizo fue para tanto… seguro que te hizo daño sin darse cuenta», «no seas egoísta, piensa en él, a lo mejor le está pasando algo».

Ambas alternativas hacen sufrir por distintas razones. ¿A quién atender? ¿Cuál de los dos será peor? No parece que haya una salida clara, porque lo que a ella le conviene está por un lado y lo que en realidad desea está muy alejado y mirando en dirección contraria, aunque sepa que es una alternativa que le haría muchísimo daño. Como dijo Lola: «¿Cómo podría una ley proteger a una mujer de sus propios deseos, cómo podría protegerla de sí misma?».

17

La habitación del duelo

Pues todo dolor al que uno se abandona,
acaba por convertirse en serenidad.

Marguerite Yourcenar

La esperanza

Cuando alguien muere, sea por la causa que fuere, hay un ritual de despedida, hay un funeral, una incineración, un entierro... y en el dolor de ese entierro se cierra un ciclo y se empieza un duelo. Quedan la pena y la impotencia ante una pérdida que es siempre prematura. Pero el tiempo pasa y esa herida abierta, en algún momento, se empieza a convertir en cicatriz.

Cuando, en vez de un muerto y un entierro, hay alguien que se ha perdido y a quien se da por desaparecido, la esperanza de encontrarle con vida sigue viva y, en la imaginación del familiar, la vida de esa persona depende de su fe, de su confianza en que siga vivo en algún lugar de la tierra. Por eso la familia no puede permitirse el lujo ni de dejar de pensar en él, ni de llorarlo. La esperanza sigue allí, gangrenada, enfermando a quien la porta, impidiendo que el duelo haga su trabajo, que es un trabajo ingrato pero sanador.

Algo muy similar ocurre con el final de algunas parejas. A pesar de ser relaciones en las que nada queda por intentar ni nada por recuperar, hay mujeres que se resisten a abandonar la esperanza de una posible reconciliación. No son capaces de situar la relación en el territorio de las relaciones muertas, a las que hay que enterrar, de las que hay que despedirse para siempre, por las que hay que guardar luto y llorar a gritos y a sollozos; sino que la mantienen en una ambigua situación de relación «desaparecida», que en el momento más inesperado habrá de reaparecer, por la que merece la pena esperar lo imposible y por la que se sigue esperando en silencio durante años con muchísima paciencia y mucha fe. Quienes están infectadas por el virus de la esperanza, toman cualquier signo, por equívoco que sea, como una confirmación del cumplimiento de sus expectativas.

Por supuesto que la esperanza no sólo es perniciosa. Ante el final de una relación, es necesario concederle una mínima esperanza al corazón para que pueda seguir con vida. En un primer momento sólo se puede sobrevivir al dolor de una ruptura gracias a la ilusión, aunque sea muy lejana, de que en el futuro las cosas serán como tienen que ser: «El príncipe regresará para quedarse y volveremos a comer perdices». La necesidad de negar la realidad representada por la esperanza, hace las veces de primeros auxilios y es lo que permite garantizar las actividades vitales básicas. Nos conformamos con apenas respirar, a pesar de ese dolor intenso que oprime el pecho como si el peso de un gigante lo aplastara.

Así que la esperanza, sí, en algunos momentos cumple una función; pero, de nuevo, como en el amor, como en el gazpacho, todo es cuestión de cantidades. Una dosis moderada de esperanza está bien, un exceso es un enorme disparate que lo único que hace es provocar una enfermedad. De manera que, mantener por un tiempo viva la esperanza, no sólo es normal sino inevitable. El problema aparece cuando esa esperanza se prolonga indefinidamente y lleva a menospreciar la realidad, es entonces cuando el remedio se torna venenoso.

Ellas hablan

«Ya sé que es una locura, pero yo sigo deseando estar con él, no pierdo la esperanza».

«Me cuesta mucho aceptar que esto se ha terminado. Todavía me pillo pensando que tal vez... alguna vez... más adelante... nos podamos encontrar de otra manera».

«Tengo miedo de perderlo, aunque ya sé que está perdido. Pero no me entra en la cabeza que esté con otra. Ya sé que es una estupidez, pero yo todavía tengo esperanzas de que algún día vuelva conmigo».

«A pesar del tiempo que ha pasado desde que lo dejamos, todavía me sorprendo a mí misma imaginando que me llama otra vez, que me busca, que me pide perdón, que le perdono..., debo ser una idiota».

Esto decían algunas mujeres mucho tiempo después de haber terminado relaciones aciagas a las que se mantenían esposadas a través de la cadena de la esperanza.

La esperanza no es sólo lo último que se pierde sino lo primero de lo que se echa mano para no enfrentar una pérdida, y la pérdida, ya lo sabemos, es la realidad dolorosa por excelencia. La ilusión de que las cosas no son en verdad tan horribles como parecen, o que pueden cambiar, es un recurso mental de primera necesidad que cumple una función muy importante. Ante una muerte, por ejemplo, cuando alguien dice «esto no puede ser verdad», se está concediendo a sí mismo un tiempo precioso hasta poder asumir una situación que es incapaz de digerir de un solo trago. En este caso la esperanza está al servicio del duelo. El problema es que hay algunos que se aferran a la esperanza y no pasan jamás por el mal trago.

Con la intención de insuflarle vida a la esperanza, la mayoría de las mujeres malqueridas desarrolla una especie de Alzheimer transitorio y selectivo. Sólo tienen acceso a la memoria remota, recuerdan los primeros momentos del enamoramiento, la pasión y la complicidad. En cambio los acontecimientos más recientes, el sufrimiento, las infidelidades, el poquísimo interés que él mostraba por ella o por sus cosas o incluso el aburrimiento, se olvidan casi por completo. «¡Con qué facilidad se olvida lo malo!», me decía una paciente que inexplicablemente pensaba con nostalgia en su ex marido.

Recuerdo a una amiga que se había separado de su pareja hacía poco tiempo y me decía: «¡No te imaginas cómo le echo de menos los fines de semana!».

«¿Cuáles son los fines de semana que echas de menos? —le pregunté—. ¿Aquéllos en los que él empezaba a beber desde el viernes y no paraba hasta el domingo? ¿Los que pasaba con los amigos y se olvidaba de ti? ¿O los otros en los que había que ir a comer con su madre quisieras o no quisieras?».

Mis palabras eran sólo el eco de algunas de sus propias quejas, de esas que tantas veces había comentado entre amigas y por las que había decidido separarse. Mi amiga había realizado una delicada intervención quirúrgica en su memoria, una especie de *lifting* destinado a embellecer una relación que era horrible.

El problema con la esperanza es que, por muy escondida que se tenga, su veneno ocupa un espacio psíquico inmenso que no deja lugar ni para el duelo ni para que se propicie una nueva relación.

La habitación del duelo

Laura llegó a mi consulta a raíz de un divorcio muy traumático. De un día para otro, sin ningún tipo de señal que ella pudiera identificar, su marido, después de catorce años de feliz matrimonio, se había ido a vivir con otra mujer. Durante los primero meses de tratamiento, anestesiada por la perplejidad, ni siquiera podía sentir dolor. Pero el dolor llegó y Laura atravesó un periodo de un sufrimiento indescriptible. En una sesión me explicó, a través de una metáfora gráfica y brillante, la relación que ella mantenía con sus recuerdos, la necesidad que tenía de pasar página, y la pena que esta situación le suponía:

> Es como si todos los recuerdos de mi relación con Iván estuvieran en una habitación. Él ya se ha ido, él ya no está, y yo estoy sola en esa habitación contemplándolo todo. De pronto me pongo de pie y empiezo a recoger la habitación y a poner las cosas en su sitio. Me duele estar en esa habitación, prefiero irme; pero también me duele irme. Es como si cometiera una traición. Yo misma no me puedo creer que no voy a estar siempre allí, que no voy a quererle siempre. ¿Qué otra cosa podía hacer sino quererle siempre? Y, sin embargo, ¿qué otra cosa puedo hacer ahora sino irme?

Laura finalmente pudo entrar en la habitación del duelo y salir de ella. La habitación del duelo es la última parada antes de despedirse de ese ser que se ha ido. Allí están «todos los recuerdos», los buenos y los malos y no está de más hacer orden y «poner las cosas en su sitio». Ni todo fue maravilloso, ni todo fue un horror. Todo eso forma parte de la propia vida y habrá cosas que será mejor desechar y cosas que valdrá la pena conservar.

Estar en esa habitación no es fácil. Como hemos visto, hay quienes se resisten con uñas y dientes a entrar allí. Se pasean ante su puerta haciéndose los distraídos y mirando a otro lado, recorren kilómetros en dirección contraria aunque su carrera sea dolorosa e inútil. Éstas prefieren todo tipo de torturas antes que adentrarse en el dolor árido del duelo. Están dispuestas a pagar precios altísimos, a veces incluso la vida, con tal de no entrar en esa habitación del duelo y despedirse de lo que no ha podido ser. Estas personas necesitan ayuda profesional.

Otras van a atreverse a entrar o van a verse arrojadas en su interior. Y a pesar de su valor para entrar, no van a tener valor para salir. Son quienes se aferran a cada uno de los objetos, de los recuerdos que pueblan esa habitación y creen que su sola presencia podrá resucitarlas y hacer que todo vuelva a ser como fue. Éstas son las que sienten que están «cometiendo una traición» si abandonan la habitación y creen que son ellas las responsables de que todo haya terminado si se van. El diagnóstico de duelo patológico se aplica para estas personas que no son capaces de salir de esa habitación en un tiempo razonable. También ellas van a necesitar ayuda profesional y mucho apoyo de amigas y familiares.

Por suerte, hay muchas a quienes les ocurre lo que a Laura. Se atreven a entrar en la habitación, permanecen en ella, lloran, sufren, reprochan, extrañan, reconocen sus propios errores, recuerdan, ponen orden y salen de la habitación con la cabeza un poco gacha pero habiendo aprendido algo de su propia experiencia que les puede servir para el futuro.

Porque en algún momento, sí, hay que salir de esa habitación. Yo no diría que haya que salir dando un portazo, porque también esa habitación y sus contenidos conforman lo que somos. Somos lo que hemos vivido, lo que gozamos, lo que sufrimos y todo eso merece nuestro respeto. Pero, en todo caso, una vez afuera, hay que asegurarse de que la puerta quede bien cerrada.

La habitación del duelo no sólo acoge a quienes sufren por un amor perdido, sino por cualquier pérdida significativa: un ser querido, el país de origen, una amistad importante…

Los recuerdos

La memoria no es una compañera imparcial en los tiempos de duelo. Nos recuerda una y otra vez lo que hubo, lo que pudo haber sido y no fue, lo que tuvimos y perdimos. Nos recuerda mucho más fácilmente lo que perdimos que aquello de lo que nos libramos. Como ocurre en casi todas las despedidas, durante por lo menos el primer año de ausencia, la vida se convierte en un recordatorio permanente. Todo lo que ocurre alrededor se comporta como un enorme lazo en el dedo índice que obliga a revivir situaciones pasadas. Un pasado que todavía está demasiado crudo como para llamarlo «recuerdo». Hasta la vida cotidiana parece diseñada para «meter el dedo en la llaga» y causar dolor. Da igual si se trata del fin de semana, que de un lunes o de los miércoles, de los días de lluvia o de las tardes de sol. La ciudad entera parece cubierta de *post-it* que obligan a recordar cómo fueron las cosas, y cómo deberían seguir siendo si la relación no hubiera terminado. «En este café…, en este restaurante…, en su casa…, en la mía…, en el sofá…, en nuestra habitación…». Quien atraviesa el duelo conoce de memoria los pasos, las rutinas, los gestos, los gustos del ser perdido. Todavía conserva respecto a él un conocimiento enciclopédico que le resulta completamente inútil ahora que él ya no está. ¿De qué le sirve a una mujer saber con precisión que para su dios el periódico de los domingos es sagrado, que prefiere la tortilla poco hecha o que el café lo toma siempre con hielo?

Cuando una relación termina, lo cotidiano se transforma en algo ajeno. La rutina se queda hueca, porque todas las actividades que antes se compartían ahora quedan «lisiadas», incompletas, y es preciso inventarse una vida nueva. Por un tiempo, quien antes caminaba con dos piernas, sólo tiene disponible una pierna y un bastón; ese bastón son los recuerdos. Mientras se consigue regenerar la propia pierna y volver a caminar con los pies bien puestos sobre la tierra, los recuerdos sirven para llenar ese vacío que no sólo es psicológico sino concreto. Los recuerdos son una compañía agridulce para esos momentos de duelo y soledad.

Respecto a los recuerdos, a veces no se sabe muy bien qué actitud tomar. ¿Será mejor gastar los recuerdos?, ¿regodearse? ¿abusar de ellos hasta desgastarlos de tanto usarlos? O ¿será preferible ignorarlos y esperar a que el tiempo los destiña y les quite su sabor y su olor por la falta de uso? En fin, la pregunta vendría a ser algo así como: los recuerdos, ¿retrasan el duelo o lo favorecen? Recordar, ¿es vivir?, ¿o es morir?

Recordar es inevitable y olvidar, ser capaz de olvidar al final de ese túnel, es una bendición. Con la memoria no se puede jugar, más bien es ella la que juega con nosotros y nos esconde cosas o nos impone sus recuerdos cuando, como y donde le parece. La memoria es traicionera y suele aprovecharse de nuestros descuidos para colarse en los detalles más insignificantes, lo mismo ante un semáforo a plena luz del día, que en medio de una conversación intrascendente. Creo que pelearse con la memoria es una guerra inútil, perdida de antemano. Es mejor dejarse llevar y utilizar los recuerdos para olvidar.

¿Túnel o pozo?

El duelo es un dolor que sólo se cura doliéndose de él, es una enfermedad que necesita reposo y convalecencia. El duelo por un amor es un túnel que, más tarde o más temprano, se atraviesa. Durante el trayecto, parece un pozo sin fondo y mientras se cae, da la sensación de que para volver a respirar no tenemos otro camino que horadar la tierra con los dientes, comer tierra, hasta sacar la cabeza en las antípodas.

Ya sea real, ya sea imaginaria, esa impresión de caer y caer y precipitarse en el abismo reproduce una vivencia infantil muy primitiva. Perder el regazo de la madre, abandonar la contención de su interior, nacer, significa verse expuesto a la inmensidad del espacio abierto, y produce una sensación muy parecida a la que tendremos que soportar muchos años después, cuando una relación de amor toque a su fin, cuando un ser querido falte y nos veamos desasistidos y obligados a empezar una nueva vida sin ese asidero.

En el pozo oscuro del duelo habita la desesperanza. Mientras se está allí no se tienen ganas de nada. El problema es que algunas pierden incluso las ganas de salir de ese pozo. En los momentos más difíciles se tiene la impresión de que la vida ha quedado atrás, de que todo lo bueno ya ha ocurrido y que delante sólo esperan la nostalgia, el vacío y la pena. ¿Para qué continuar entonces, si así va a ser el futuro? Hasta la higiene y el cuidado personal pierden sentido. ¿Para qué, si ya no hay vida?

Algunas de las mujeres que he tenido ocasión de acompañar durante estos trances han dicho cosas como éstas:

Llevo más de tres meses sin depilarme, ¿para qué?, ¿para quién? Cuando me ducho, mi cuerpo me parece inútil. ¿De qué me sirve ese cuerpo que él no va a volver a tocar? Me da igual engordar, total, cuidarme ¿para qué?, ¿para quién?

¿Qué voy a hacer yo sola? ¿Y si no me vuelvo a enamorar? Tengo miedo. Me miro al espejo y no me gusto. Quiero que llegue el día en que pueda volver a salir a la calle con la cabeza en alto. Pero hoy no sólo veo imposible el salir, sino que ni siquiera me apetece.

Mientras se atraviesa la habitación del duelo, hasta los gestos más cotidianos pierden sentido, nada tiene una razón de ser. Pero de esto se sale. En algún momento, el pozo recobra su posición horizontal y vuelve a ser un túnel. El vacío deja de ser vacío y se transforma otra vez en tierra firme, y al fondo, todavía al fondo, pero al alcance de la mano, están el aire, la vida y la luz.

Lo peor ya ha pasado. Recobrar la sensación de que «se tiene toda la vida por delante», de que lo mejor de la vida está aún por llegar, es un signo inequívoco de recuperación.

Recuperación

Le parecerá una tontería, pero me alegro de haber pasado por todo esto. Al final, venir aquí no sólo me ha servido para superar lo de Andrés, sino que ahora me valoro más, me importo más a mí misma, me conozco mejor. Soy diferente, o por lo menos ahora sé cómo soy.

Las peores crisis que se atraviesan en la vida suelen tener ese efecto posterior de crecimiento. Tengo una amiga que insiste en decir que ella no quiere «seguir creciendo», dice que ella ya está muy mayor para «aprender más cosas de la vida», y siempre se pregunta por qué la vida no dictará cursos por correspondencia, con los que se pueda aprender lo mismo, pero sin sufrir tanto. Tiene razón mi amiga, es un agobio que el crecimiento esté casi siempre ligado al sufrimiento, pero parece que no hay alternativa.

Es cierto que una cierta experiencia de sufrimiento es inevitable en el proceso de aprendizaje, esto no tiene nada que ver con justificar determinados comportamientos violentos o de maltrato que generan sufrimiento como una forma de pedagogía. Hay tropiezos que, en sí mismos, no tienen nada que enseñar. Pasar por una situación de maltrato no sirve ni favorece a una persona en ningún sentido. No sirve para madurar ni para aprender, sino para complicar y dificultar cualquier proceso de maduración o aprendizaje, ya sea natural ya sea a través de una terapia. Mi paciente que se alegraba de haber venido a tratamiento no se alegraba de haber pasado por la situación de menosprecio que había vivido junto a su pareja, sino de haber podido salir de esa situación, de conocerse mejor y ser más dueña de sí misma.

En todo caso, después de un tiempo, tal vez de mucho tiempo, se puede llegar a descubrir con alivio que ha sido una suerte haber podido desprenderse de una relación que sobre todo hacía sufrir. El duelo deja paso al alivio, el alivio deja paso a una especie de nostalgia serena respecto al pasado y ésta a una vida llena de proyectos para el futuro.

Uno de los efectos más perniciosos de estas relaciones destructivas consiste en que la mujer implicada parece que no tiene otra vida, ni otro tema de conversación, ni otros intereses que aquello que le dijo, aquello que le hizo o no le hizo, su pobre dios. Volver a ser capaz de mirar en diferentes direcciones también es un signo de mejoría, denota que se empieza a vislumbrar una salida al encierro que esa relación suponía.

Así lo expresaba una de mis pacientes en los inicios de su «vuelta a la vida»:

> Cada vez disfruto más con mis amigas. Me doy cuenta de que ya no las llamo sólo para llorar mis penas, sino también para nada en especial. Tengo mucha suerte porque son divertidas y me río mucho con ellas. La verdad es que son un encanto.

Con palabras parecidas, otra de ellas decía:

> Ahora puedo escuchar lo que me cuentan mis amigas y eso también me ayuda a tomar distancia. No soy yo la única a la que le pasan cosas. Ya han dejado de ser una vía de escape y han vuelto a ser mis amigas.

Las amigas, de nuevo, son una pieza fundamental en el proceso de recuperación y vuelven a servir de termómetro, para medirlo. Cuando una mujer puede dejar de mirar su propio ombligo encharcado en llanto y es capaz de advertir la lágrima que corre por la mejilla de su amiga, podemos estar seguras de que la reconstrucción personal está avanzando por buen camino.

Miedo al siguiente

En este punto la mujer empieza a poder concebir la posibilidad de una nueva relación, otro ciclo está llamado a cerrarse. En la medida en la que ella haya comprendido el papel que representó en el fracaso anterior es muy posible que no permita que el ciclo y el sufrimiento se repitan, y que se dé a sí misma la oportunidad de una relación más placentera. En cambio, si ha atravesado a ciegas el calvario de una relación destructiva, es muy probable que a la vuelta de la esquina se tope con otro «gato» muy parecido al anterior y que la mala experiencia se repita. Discriminar a cuál de los dos grupos se pertenece es una preocupación muy frecuente en quienes han buscado ayuda para superar los estragos de una relación desastrosa. ¿Repetiré la historia o seré capaz de relacionarme de otra forma?

Ellas lo cuentan así:

> Veo las cosas de otra manera, me doy cuenta de lo mucho que he cambiado. Hoy me parecería una locura embarcarme otra vez en una relación como ésa. Me parece que ya estoy curada de Iván, y de cualquier otro Iván que se me acerque.

«Ver las cosas de otra manera» supone colocarse en una posición diferente, abandonar el lugar de madre-sierva que se había ocupado hasta el momento y apostar por otro tipo de relación. Sanar las heridas que deja un amor retorcido es imprescindible para pensar en otra aventura amorosa, pero no es suficiente con «curarse» de un cierto Iván, es preciso estar vacunada contra cualquier otro Iván que pueda presentarse en el camino. La verdadera «curación» no atañe sólo al pasado sino que tiene que demostrarse en el futuro.

> Ya sé que con Juan no funcionó. ¿Funcionará con alguien? Me gustaría conocer a alguien, casarme, formar una familia, pero la idea de que me pase otra vez lo mismo me asusta....

Ésta es una duda inevitable con la que conviven muchas mujeres después de haberse recuperado del mal trago de una relación desastrosa. Hay una herida que todavía reacciona con dolor al más mínimo roce. La desconfianza toma el mando y la mujer no se atreve a confiar ni en otro hombre ni en sí misma. Yo, como terapeuta, puedo saber que no todos los hombres son iguales y que ella tampoco es la misma que empezó el tratamiento años atrás. Ella, en alguna parte, también lo sabe, sin embargo «el susto» no se disipa con facilidad. Su deseo de formar una pareja y una familia tendrá que luchar contra esa duda hasta vencerla.

> Visto desde aquí, me parece evidente que no me puede volver a pasar, el problema es que cuando uno está dentro de la situación no puede ver nada claro. ¿Quién me iba a decir a mí, con el carácter que he tenido siempre, que me iba a dejar avasallar por un hombre de esa manera?

En efecto, cuando se ven los toros desde la barrera, es muy fácil asegurar: «¡A mí nunca me pasaría nada parecido!», «¡yo no soy de ésas!», «yo sabría hacerme respetar», o «yo no me dejaría engañar de esa manera».

Sin embargo, es muy diferente estar enamorada hasta los tuétanos e implicada en una relación apasionada y destructiva de esas que prometen una felicidad que nunca llega. A nadie, en su sano juicio, se le ocurriría apostar, en frío, por una relación como las que hemos descrito en estas páginas. Nadie, en su sano juicio, elegiría conscientemente algo así para sí misma, sin embargo, todo cambia cuando se impone la pasión, entonces el juicio de realidad se nubla y se empieza a ver todo borroso. Se cometen todo tipo de «pecados» a diestra y siniestra y sin saberlo. Se invierte a ciegas en una relación que sólo aporta sufrimiento y no es fácil encontrar el camino de vuelta. Para cuando la interesada quiere darse cuenta ya no es cosa de dar un paso atrás y punto. Ya es tarde, está comprometida, está atrapada. Y «¡quién le hubiera dicho!» a cualquiera de ellas que estaría alguna vez enamorada de un hombre que la quería tan mal; quién le hubiera dicho a esa mujer tan segura de sí misma que iba a confiar a ciegas en un mentiroso compulsivo; quién le hubiera dicho que a ella, tan sabia y tan autónoma, la podían estafar afectivamente de esa manera, durante tantos años. Nadie se mete en estas situaciones deliberadamente, y el solo hecho de caer en la cuenta de que se está dentro, es un paso de gigantes. Salir es otra historia, pero lo primero es darse cuenta.

> Me ha dejado tocada, débil, insegura. Y no me refiero a la pena y a todo eso, sino a que como mujer no me siento capaz de hacer que un hombre se enamore de mí. Supongo que será cuestión de tiempo.

Aquella que se quería mal a sí misma, que se quería torcido por exceso, aquella que se creía capaz de todas las proezas, hoy sale de la contienda derrotada. ¿Algún hombre podrá enamorarse de una mujer frágil y sin «capita», de una mujer «normal» y no de la «supermujer» que ella había sido hasta el momento? ¿Algún hombre aceptará el compromiso de igual a igual? ¿Ella podrá comprometerse de igual a igual, o seguirá necesitando llevar la batuta de la esclavitud?

> Me siento diferente, como si estuviera otra vez dispuesta a recibir a un hombre en mi casa, en mi vida. Ya no como un felpudo («tú pisa que no duele»), sino como una mujer. ¿Es poco estar dispuesta a recibirlo? ¿Es mucho pedir, esperar a que venga?

El trayecto recorrido desde el «felpudo» a la «mujer» no se hace de un día para otro, pero créanme, ¡vale la pena! Estar dispuesta a recibir a un hombre después de un fracaso sentimental es un gran paso, sobre todo si se le espera con otra disposición. Y sí, hay que tener confianza en que vendrá.

Todas estas palabras las he escuchado en mi consulta de boca de esas mujeres que han llenado con sus historias este libro. Todas ellas salieron airosas de la situación. La mayoría de ellas tiene otra pareja y —de momento— los peores errores no se han vuelto a cometer. Todas están satisfechas de haber pedido ayuda y la ayuda no se ha limitado al terreno de la pareja. Algunas necesitaron más tiempo que otras, pero todas ellas encontraron el camino de regreso a sí mismas, a su independencia interior y a una vida mucho más digna y placentera.

Despedida

Cuando acepté el reto de escribir este libro nunca me imaginé las dificultades que me esperaban. «¿Qué hace una psicoanalista como yo, escribiendo un libro como éste?», es una pregunta que me ha asaltado en un montón de ocasiones mientras escribía estas páginas. Los libros de autoayuda dan consejos, los psicoanalistas no; los libros de autoayuda se ocupan del presente y del futuro del lector, el psicoanálisis se inmiscuye necesariamente en el pasado. El libro de autoayuda no necesita saber nada del que lo lleva y lo trae entre sus manos, el psicoanalista depende de las palabras del paciente para poder ayudarle. En los libros de autoayuda se llama al pan, pan, y al vino, vino, sin titubeos; en psicoanálisis, en cambio, un paciente necesita de muchos meses de diván para escuchar y comprender algunos de los «panes» y algunos de los «vinos» que le conciernen, sin que se le corte la digestión. Visto lo visto, parecía que las dos tareas eran incompatibles.

Diferenciar entre paciente y lector ha sido la primera tarea a la que he tenido que enfrentarme. La intimidad de la consulta, la estrecha relación que se establece entre paciente y analista, permite decir cosas muy duras al paciente y que éste pueda aceptarlas sin excesivo dolor, comprenderlas, digerirlas y utilizarlas a su favor. Entre otras cosas, porque son las palabras del propio paciente las que han salido de su boca, con frecuencia sin que él mismo se haya dado cuenta, hasta que se le hace reparar en ellas. Un lector merece el mismo cuidado y el mismo respeto que un paciente, pero su anonimato hace difícil medir hasta dónde es capaz de escuchar, o hasta dónde está dispuesto a saber sobre su propia participación en su sufrimiento, sobre su posibilidad de autonomía. Un paciente que se topa con algo doloroso en una sesión sabe que muy pronto tendrá otra sesión para hablar del tema, para desmenuzarlo y digerirlo mejor. Un lector no necesariamente cuenta con la contención de esa red tan tranquilizadora. Ha sido un desafío encontrar una distancia apropiada con el lector.

He intentado mantenerme en todo momento cerca del lector, cuidarle, hacerle saber que estoy de su parte, sin abandonar mis conocimientos psicoanalíticos ni frivolizar con mis convicciones.

No ha sido nada fácil, pero confío en haber conseguido conjugar ambas cosas. En todo caso, espero que este libro le haya servido de compañía. Probablemente, más de una vez ha podido reconocer cosas que le ocurren en sus relaciones de pareja. Puede que algunas de estas páginas le hayan sorprendido porque atañen a aspectos de su vida emocional que le son desconocidos, que le amargan reiteradamente la existencia pero los vive como ajenos, extraños a sí mismo.

El amor es maravilloso, no hay duda, consideraría un verdadero fracaso que se quedara con la idea de que tiene que protegerse del amor. Pero a veces sus destellos no dejan ver la realidad y, sin saber ni cómo ni por qué, un día se da cuenta de que está enredada en una relación desastrosa, y que ese dios al que tantos sacrificios ha ofrecido, le quiere de una manera retorcida.

Este libro ha tratado de llamar su atención sobre la importancia de quererse bien, de descubrir «de qué pie cojea» para que pueda cuidarse de sí misma. Reconocer sus limitaciones. Quitarse la capita de «supermujer», doblarla con cuidado, agradecerle lo que en su momento hizo por usted, y ¡esconderla en un rincón olvidado del armario!, créame, es más rentable que vivir en un pedestal. No confunda la piel de un bebé con una barba de tres días. Al de la barba no le va a pasar nada porque no lo llame. No se conforme con menos de lo que espera. No se resigne, siempre hay una alternativa aunque a veces le parezca impensable.

Eche mano de sus amigas sin dudarlo pues son un apoyo inestimable. Aférrese a todo lo que tenga a mano para salvarse y curarse de una pareja que no la quiere bien. Pero si ha pasado por más de una relación de esta naturaleza, si se deja malquerer no sólo por los hombres de su vida sino también por sus amigas, sus hijos o sus compañeros de trabajo, busque ayuda profesional.

Si en todas sus relaciones tiene la impresión de que da más de lo que recibe, si sufre más de lo que disfruta, si está angustiada o ansiosa, si sus penas de amor detienen su vida laboral o interrumpen su vida social, busque ayuda.

Busque ayuda profesional, porque, seguramente, hasta ahora, ha hecho todo cuanto ha podido y no ha sido suficiente. Enfrentarse sola a esta imposibilidad es una tarea cruel. Con frecuencia usamos todo tipo de excusas para no enterarnos de las malas noticias, y suele suceder que la afectada es la última en reconocer el pésimo negocio que está haciendo con su propia vida. Busque quien le ayude a descubrir los «secretos» de esa historia infantil para que dejen de gobernar su vida a sus espaldas.

Hay quienes piensan que buscar ayuda es un signo de debilidad. No estoy de acuerdo. Hace falta coraje, mucho coraje, para mirarse en el espejo de aumento que ofrece el análisis. Pero no hay que asustarse, en ese espejo no sólo se descubren las «líneas de expresión» y las «patas de gallo», también salen a la luz esa sonrisa espléndida que había estado escondida y ese rostro despejado, amable, que saca el mejor partido de sus virtudes y convive de la mejor manera con sus imperfecciones.

Busque ayuda, porque no es verdad que el tiempo lo cure todo. Y seguramente hay un nudo muy atado, mal atado, que el tiempo, por sí solo, no podrá desatar... Y, encima, ese mismo tiempo no hará más que pasar y pasar y un buen día descubrirá que se ha ido sin avisarle. Piense que desde la primera página de este mapa que hemos trazado, el norte es usted. Lo más importante es que al final de todo este proceso pueda recuperarse a sí misma y contar consigo y con sus capacidades, que recobre las riendas de su vida, la dirija lo mejor que sepa y recupere su valiosa autonomía. ¡Adelante!

Bibliografía

ALLEN, W., «El experimento del profesor Kugelmass» en *Cuentos sin plumas*, Tusquets, Barcelona, 1981.

ANDRÉ, S., *¿Qué quiere una mujer?*, Siglo XXI, Buenos Aires, 2002.

ASSOUN, P. L., *Freud y la mujer*, Nueva Visión, Buenos Aires, 1994.

—, *Lecciones psicoanalíticas sobre el masoquismo*, Nueva Visión, Buenos Aires, 2005.

—, *La pareja inconsciente*, Nueva Visión, Buenos Aires, 2006.

BEAUVOIR, S. de, *El segundo sexo*, Cátedra, Madrid, 2005.

BETTELHEIM, B., *The Uses of Enchentment*, Penguin Books, Nueva York, 1985.

BULAT, S., *¡Más de lo mismo!*, Caoba Ensayo, Barcelona, 2005.

ELIADE, M., *Lo sagrado y lo profano*, Paidós, Buenos Aires, 2005.

FREUD, S., *El malestar en la cultura*, Obras completas, v. XXI, Amorrortu Editores, Buenos Aires, 1979.

—, *El problema económico del masoquismo*, Obras completas, v. XIX, Amorrortu Editores, Buenos Aires, 1979.

—, *Psicología de las masas y análisis del Yo*, Obras completas, v. XVIII, Amorrortu Editores, Buenos Aires, 1979.

—, *Sobre la más generalizada degradación de la vida erótica*, Obras completas, v. XI, Amorrortu Editores, Buenos Aires, 1979.

—, *Sobre un tipo particular de elección de objeto en el hombre*, Obras Completas, v. XI, Amorrortu Editores, Buenos Aires, 1979.

FROMM, E., *El arte de amar*, Paidós Contextos, Barcelona, 2003.

GALIMBERTI, U., *Las cosas del amor*, Destino, Madrid, 2006.

GIROUD, F. y LÉVY B. H., *Hombres y mujeres*, Temas de Hoy, Madrid, 1993.

GRAVES, R. y PATAI, R., *Los mitos hebreos*, Alianza, Madrid, 2001.

GRIMM, Hnos., *Cuentos escogidos*, Gaspar Editores, Madrid, 1985.

HEGEL, G. W. F., *Fenomenología del espíritu*, Fondo de Cultura Económica, México.

KAPLAN, L., *Female perversions*, Doubleday, Nueva York, 1991.

KÖHLMEIER, M., *Breviario de mitología clásica*, Círculo de lectores, Barcelona, 2006.

LACHAUD, D., *Celos. Un estudio psicoanalítico de su diversidad*, Nueva Visión, Buenos Aires, 2000.

MICHELENA, C., *Honra de sierva*, Ficción, Universidad Veracruzana, México, 2003.

Michelena, M., *Un año para toda la vida*, Temas de Hoy, Madrid, 2001.
—, *Saber y no saber. Curiosidad sexual infantil*, Síntesis, Madrid, 2006.
Milmaniene, J. E., *Extrañas parejas. Psicopatología de la vida erótica*, Paidós, Buenos Aires, 1998.
Nasio, J. D., *Un psicoanalista en el diván*, Paidós, Buenos Aires, 2001.
Nietzsche, F., *La gaya ciencia*, Edaf, Madrid, 2002.
Person, E. S., *Dreams of Love and Fateful Encounters*, Penguin Books, Nueva York, 1989.
Wechsler, E., *Psicoanálisis en la tragedia. De las tragedias neuróticas al drama universal*, Biblioteca Nueva APM, Madrid, 2001.
Yourcenar, M., *Fuegos*, Alfaguara, Madrid, 1995.